英検®
5級
頻出度別問題集

高橋書店

CONTENTS

編集協力	どりむ社	音声協力	Chris Koprowski
データ分析	岡野 秀夫		Rachel Walzer
本文イラスト	のだ かおり・内藤 あけみ・山田 奈穂		水月 優希
音声制作	(一財)英語教育協議会(ELEC)		

受験ポイント

英検®5級受験にあたって

試験の出題レベル

中学初級程度です。具体的には初歩的な英語を理解し、そのレベルの英語を聞くこと、読むことができる程度です。

審査領域

読む…初歩的な語句や文を理解することができる。
聞く…初歩的な語句や文を理解することができる。
話す…初歩的な内容についてやりとりすることができる。
書く…初歩的な語句や文を書くことができる。

試験概要

一次試験（筆記とリスニング）があります。結果は、ウェブサイト上とはがきで通知されます。

なお、二次試験はありませんが、コンピューター端末を利用してスピーキングテストが受験できます。

試験の時期

6月、10月、1月の、年3回行われます。

試験の申し込み期間と申し込み場所

だいたい、試験の2か月半から1か月前の間に申し込めます。個人で受験する場合、一部の書店、コンビニエンスストア、インターネットで申し込めます。

受験地

協会の指定した場所で受験します。

試験についての問い合わせ先

公益財団法人 日本英語検定協会
〒162-8055　東京都新宿区横寺町55
TEL 03-3266-8311（英検サービスセンター）
URL https://www.eiken.or.jp/

※試験についての関連事項は変わることがあります。

試験内容

試験の問題数は筆記25問とリスニング25問の計50問です。試験時間はそれぞれ25分、約20分となっています。解答はマークシート方式で鉛筆かシャープペンシルで正解と思われるところをぬりつぶします。

● 筆記試験　25問(25分)	問題数	本書の該当章
① 短文の語句空所補充	15	第1章
短文、または会話文の空所に入る語句を四つの選択肢から選ぶ。		
② 会話文の文空所補充	5	第2章
会話の中に空欄があり、そこに入る表現を四つの選択肢から選ぶ。		
③ 日本文付き短文の語句整序	5	第3章
日本語の文を読み、その意味に合うように与えられた語句を並べかえる。その1番目と3番目にくるものの組み合わせを四つの選択肢から選ぶ。		
● リスニング試験　25問(約20分)		
① 会話の応答文選択	10	第4章
イラストを参考にしながら英文を聞いて、その応答文を、三つの選択肢から選ぶ(選択肢は問題用紙には印刷されていない、英文は二度読まれる)。		
② 会話の内容一致選択	5	第4章
対話を聞いて、その質問に対する答えを、四つの選択肢から選ぶ(英文は二度読まれる)。		
③ イラストの内容一致選択	10	第4章
三つの短文を聞いて、イラストの状況を表すものを選ぶ(選択肢は問題用紙には印刷されていない、英文は二度読まれる)。		

本書の特長

❶ 頻出度別にパートを分け、よく出る問題から始められる

ここ数年間に出題された５級の問題を細かく分析し、第１章は頻出度Ａ、Ｂ、Ｃの３パート、ほかの章はＡ、Ｂの２パートに分類して構成しています。

- 頻出度Ａ：過去にもよく出た、重要度の高い問題
- 頻出度Ｂ：Aの次に重要度の高い問題
- 頻出度Ｃ：A、B以外の押さえておきたい問題

❷ 赤チェックシートで答えが隠せる、重要語句が覚えられる

付属の赤チェックシートを使えば、解答を隠しながら問題を解いていけます。また、選択肢にある語句の意味、文中に出る語句の意味まで、同時にチェックできます。

正解に限らず、紙面にある語句はどれも５級に必要なので、大いに活用できます。

❸ リスニング問題が集中的に学習できる

最近の試験で特に重要視されるようになった、リスニング問題の数を充実させています。第４章の練習問題で合計50問を習得できます。

❹ 模擬テストで予行演習もできる

本書の総まとめとして、模擬テストを収録しています。直前対策や力だめしとして活用できます。

❺ 音声をパソコン・スマートフォンで聞ける

以下の手順を参考に、学習環境に合わせてご利用ください。

- 下記の専用サイトにアクセス、もしくは二次元コードを読み取り、お使いの書籍を選択してください。
  https://www.takahashishoten.co.jp/audio-dl/
- パスワード入力欄にシリアルコード（42165）を入力してください。
- 全音声をダウンロードするをクリック
  ※ストリーミングでも再生できます

※本サービスは予告なく終了することがあります。
※パソコン・スマートフォンの操作に関する質問にはお答えできません。

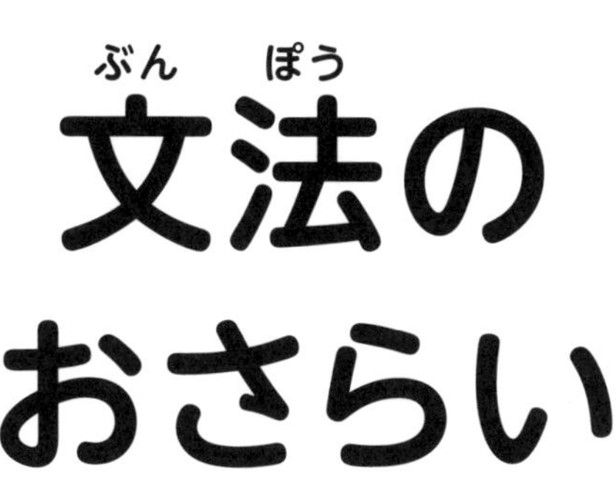

文法(ぶんぽう)のおさらい

5th Grade

1 代わりの言葉を使ってみよう 代名詞

Jack：Alice, your cookies are good! You make them well.

「アリス、君のクッキーはおいしいよ！上手に作るんだね。」

Alice：They are not cookies. They are doughnuts.

「それはクッキーじゃないわ。それはドーナツよ。」

赤い部分はすべて同じものを示しているよ！　位置によって形が変わるんだね。

代名詞の使い方

Point 1 代名詞は、前に出てきた名詞の代わりに使う。

I bought a T-shirt. It is red.

「Tシャツを買いました。それは赤いです。」

Point 2 使い方によって形が変わる。

This is my brother. He is tall. His name is Jack. I like him.

「こちらは私の兄です。彼は背が高いです。彼の名前はジャックです。私は彼が好きです。」

Point 3 人を示す代名詞（I、you、he、she）と物やことを示す代名詞（this、that、it）がある。

Look at that hospital. It is very big.

「あの病院を見てください。それはとても大きいですね。」

いろいろな代名詞

	～は（が）	～の	～を（に）	～のもの
私	I	my	me	mine
あなた	you	your	you	yours
彼	he	his	him	his
彼女	she	her	her	hers

	～は（が）	～の	～を（に）	～のもの
それ	it	its	it	—
私たち	we	our	us	ours
あなたたち	you	your	you	yours
彼ら	they	their	them	theirs

やってみよう！

（　）に入る語を下から一つ選びなさい。

I have a watch.（❶）is blue.

｛It / Its / I / He｝

何についての文か考えるとわかりやすいね。

② 文に情報をたしてみよう　前置詞

Lisa：I'm so hungry.

「とてもおなかがすいたわ。」

Kevin：Let's go to the restaurant near the station!

「駅の近くのレストランへ行こう！」

前置詞によって「どこへ（to）」「～の近く（near）」などの情報が付けたされたよ！

前置詞の使い方

Point 前置詞は、名詞や代名詞の前に置いて、時や場所などの意味を補う。

I watch baseball games. ➡ I watch baseball games on TV with Tom at night.

「野球の試合を観ます。」　「トムと、夜にテレビで野球の試合を観ます。」

I have a dictionary. ➡ I have a dictionary in my bag.

「私は辞書を持っています。」　「私はかばんの中に辞書を持っています。」

My cat is sleeping. ➡ My cat is sleeping under the table.

「私の猫は寝ています。」　「私の猫はテーブルの下で寝ています。」

試験によく出る前置詞

前置詞	意味	例
at	～（時期）に	at night（夜に）
	～（場所）で	at school（学校で）
about	～くらい ～について	about 5 dollars （5ドルくらい）
by	～によって	by bike（自転車で）
for	～のために ～に	for you （あなたのために）
from	～から	from Tokyo（東京から）
on	～に ～の上に	on Monday（月曜日に）
with	～と	with my parents（両親と）
under	～の下に	under the desk（机の下に）

やってみよう！

（　）に入る語を下から一つ選びなさい。

I am（ ❷ ）Tokyo, but I live in Osaka now.

｛ on / under / with / from ｝

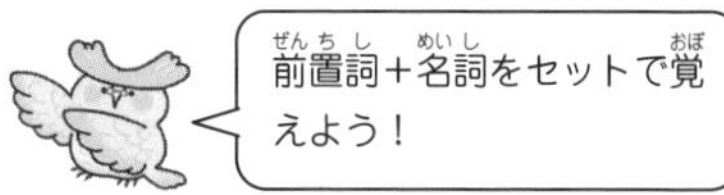

❸ 頼みごとをしてみよう　命令文

Sally：Fred, please close the window. It's cold.

「フレッド、窓を閉めて。寒いわ。」

Fred：OK, but then, don't eat pizza here, Sally.

「わかったよ。でも、それならここでピザを食べないでくれよ、サリー。」

I や You が見当たらないね。命令文は、主語が付かないよ！

命令文の作り方

Point 1　命令文では主語を使わず、動詞の原形（もとの形）から文を始める。

You open the window. ➡ Open the window.
「あなたは窓を開けます。」　「窓を開けなさい。」

Point 2　丁寧にお願いしたいときは、文の前や後ろに please を置く。

Hello. Can I speak to Bob, please?
「もしもし。ボブをお願いします。」

Call me, please.
「私に電話してください。」

Point 3　何かを禁止したいときは、文頭に Don't を置く。

Don't run in the classroom.
「教室で走ってはいけません。」

Don't be sad.
「悲しんではいけません。」

やってみよう！

（　　）に入る語を下から一つ選びなさい。

（❸）take pictures here.

｛ Is / Does't / Don't / Are ｝

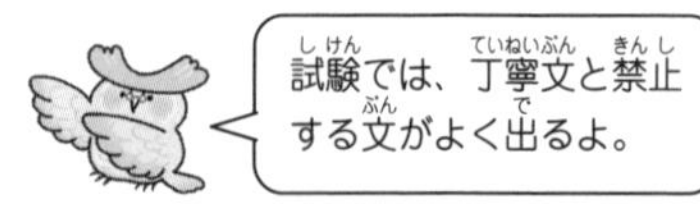

❹ 相手にたずねてみよう　疑問文

Ken：Does George cook dinner?

「ジョージは夕食の料理をするの（を作るの）？」

Emily：Sometimes.　But he usually makes sandwiches.

「時どきよ。でもたいていはサンドイッチを作っているわ。」

文の頭に“does”が付くと、“cooks”ではなく“cook”になっているね！

疑問文の作り方

Point 1　**be動詞（am、are、is など）を使った文は、be動詞を主語の前に持ってくる。**

That is a school. ➡ Is that a school?

「あれは学校です。」　「あれは学校ですか？」

Point 2　**一般動詞（be動詞以外の動詞）を使った文は、主語の前に do または does を置く。**

主語が単数（一人、一つ）なら does を、複数なら do を使う。

ただし、主語が I、You のときは、一人であっても do を使う。

do や does を使うときは動詞は原形（ -s などのつかない形）になる。

They go shopping. ➡ Do they go shopping?

「彼らはショッピングに行きます。」　「彼らはショッピングに行きますか？」

She wakes up early. ➡ Does she wake up early?

「彼女は早く起きます。」　「彼女は早く起きますか？」

やってみよう！

（　）に入る語を下から一つ選びなさい。

（❹）John swim in the sea?

｛ Am / Do / Does / Are ｝

be動詞なのか、一般動詞なのかに注意しよう。

⑤ 場所や時間、方法をたずねよう 疑問詞

Alan：What is this?

「これは何？」

Bill：It's my diary.
Don't read it, Alan.

「ぼくの日記だよ。
読まないでくれよ、アラン。」

「いつ」「どこ」「何」などとたずねる語を「疑問詞」というよ！

疑問詞（7W）の使い方

Point 1 疑問詞は疑問文の頭に置く。

What is your favorite sport?
「お気に入りのスポーツは何ですか？」

Point 2 「何の～」をたずねるときは What を使う。

What color do you like?
「何色が好きですか？」

What time is it now?
「今、何時ですか？」

Point 3 「場所」をたずねるときは Where を使う。

Where do you live?
「どこに住んでいますか？」

Point 4 「時間や日付」をたずねるときは When を使う。

When is your birthday?
「あなたの誕生日はいつですか？」

Point 5 「理由」をたずねるときは Why を使う。

Why do you like curry?
「どうしてカレーが好きなのですか？」

Point 6 「どちらがよいか」をたずねるときは Which を使う。

Which do you like, pizza or pasta?
「ピザとパスタ、どちらが好きですか？」

Point 7 「人物」についてたずねるときは Who を使う。

Who is that boy?
「あの男の子は誰ですか？」

Who is singing?
「誰が歌っていますか？」

Point 8 「誰のものか」をたずねるときは Whose を使う。

Whose bag is this?
「これは誰のかばんですか？」

Whose is this pen?
「このペンは誰のものですか？」

疑問詞(1H)の使い方

Point 1 「どのように」「どのような」と、「方法や状態」をたずねるときは How を使う。

How do you buy the ticket?
「そのチケットはどうやって買うのですか？」

How are you?
「お元気ですか？」

Point 2 「どれくらい」のように、「程度」をたずねるときは How + 形容詞を使う。

How much is it?
「それはいくらですか？」

How old are you?
「何歳ですか？」

How long do you study every day?
「毎日どれくらい勉強しますか？」

How many classes do you have on Monday?
「月曜日はいくつの授業がありますか？」

やってみよう！

（　）に入る語を下から一つ選びなさい。

A：（ ❺ ）old is Taro?
B：He is five years old.
｛ What / Why / How / Which ｝

相手の返答も読んで、何について聞かれているかを考えよう。

❻ 今、していることを話そう　現在進行形

Mother：Lisa, what are you doing now? You have tests tomorrow.

「リサ、今何してるの？
明日テストがあるでしょう。」

Lisa：It's OK, Mom.
I am studying in my dream.

「大丈夫だよ、ママ。
夢の中で勉強してるよ。」

今、まさに何をしているのかを表現するには「現在進行形」を使うよ！

現在進行形の使い方

Point 1 現在進行形は〔be動詞＋動詞の -ing形〕で作る。

Keita plays tennis. ➡ Keita is playing tennis.
「ケイタはテニスをします。」 「ケイタはテニスをしています。」

Point 2 疑問文では be動詞を前に出す。

He is running in the park now. ➡ Is he running in the park now?
「彼は今、公園を走っています。」 「彼は今、公園を走っていますか？」

Point 3 否定文では be動詞と動詞の -ing形の間に not を置く。

I am studying now. ➡ I am not studying now.
「私は今、勉強をしています。」 「私は今、勉強をしていません。」

動詞のing形の作り方

ing をつけるもの	eat（食べる）➡ eating open（開ける）➡ opening	study（学ぶ）➡ studying play（遊ぶ）➡ playing	など
e を取って ing をつけるもの	write（書く）➡ writing come（来る）➡ coming	make（作る）➡ making use（使う）➡ using	など
最後の文字を重ねるもの	run（走る）➡ running cut（切る）➡ cutting	swim（泳ぐ）➡ swimming stop（止まる）➡ stopping	など

やってみよう！

（　）に入る語を下から一つ選びなさい。
She is（ ❻ ）the piano.
｛ playing / plays / play / played ｝

be動詞の後ろに動詞が入る場合、進行形であることが多いよ！

やってみよう！答え ❶ It ❷ from ❸ Don't ❹ Does ❺ How ❻ playing

第1章

短文(たんぶん)の語句空所補充(ごくくうしょほじゅう)

5th Grade

短文の語句空所補充

（　　）の中を補って短文や対話文を完成させる、という問題です。本番の試験では15問出ます。

この問題は、おもに次の２種類に分けられます。

❶ 単語・熟語の問題

❷ 文法の問題

Point 1 単語は前後の「意味のつながり」に注目 熟語は「似たもの同士」をまとめて覚えよう

●単語…英語には、日本語と同じように、自然につながる語句とそうでない語句があります。単語の問題を解くときは、語と語の意味のつながりに注目しましょう。

例題（　　）に入れるのに最も適切なものを選びなさい。

I eat (　　) at 12 : 30.

1 bath　**2** face　**3** lunch　**4** club

正解 3

訳 私は12時30分に昼食をとります。

eat（　　）、つまり「（　　）を食べる」というつながりが完成する語を選びます。bath「風呂」、face「顔」、club「クラブ」はどれも「～を食べる」につなげると不自然ですね。

eat lunch「昼食をとる」ならきれいにつながるので、これが正解になります。

●熟語 …「似たもの同士」をまとめて覚えると、覚えやすく、間違えにくくなります。

例 look at ～「～を見る」 listen to ～「～を聞く（聴く）」
go shopping「買い物に行く」 go swimming「泳ぎに行く」
go fishing「釣りに行く」 get up「起きる、起床する」
go to bed「就寝する、寝る」

Point 2 文法は「代名詞」と「疑問文と答え方」を確実にマスターしよう

文法の問題では代名詞と、疑問文とその答え方がよく出されます。

●代名詞…「すぐ前の人物とのつながり」「文の続きとのつながり」を見よう。

例題 （　　）に He、His、She、Her のどれか正しいものを入れなさい。

I have a brother. (　　) likes soccer.

正解 He

訳 私には兄（弟）がいます。彼はサッカーが好きです。

「すぐ前の人物」は brother、つまり男性です。そこで（　　）には He/His のどちらかが入ります。「文の続き」は「（　　は）サッカーが好き」とつながっています。そこで「彼は」という He を入れるのが正解となります。

●疑問文と答え方…「問いと答えのつながり」に注目しよう。

問い	答え	問い	答え
where（どこ）➡	場所	how（どのような）➡	状況、方法・手段
when（いつ）➡	とき	how many（いくつ）➡	数
what（何）➡	もの・こと	how much（いくら）➡	値段
whose（誰の）➡	持ち主		

短文の語句空所補充

次の（　　）に入れるのに最も適切なものを **1**、**2**、**3**、**4** の中から一つ選びなさい。

(1) Ken is on a volleyball team. He practices volleyball at his school (　　) day.

1 many　　**2** much
3 very　　**4** every

(2) **A**：Do you like (　　)?
B：Yes, I do. I play the guitar.

1 sports　　**2** music
3 history　　**4** math

(3) **A**：Excuse me. What is your (　　)?
B：I'm Tom Green.

1 name　　**2** home
3 uncle　　**4** life

(4) My mother reads the newspaper (　　) the morning.

1 to　　**2** in
3 on　　**4** of

解答・解説

(1) 訳 ケンはバレーボールチームに入っています。彼は学校で毎日バレーボールの練習をします。

ANSWER 4

解説 **1** many「たくさんの」**2** much「たくさんの」**3** very「とても」**4** every「すべての」。every はほかの語と組み合わせて「すべての～」という意味を表す。【例】every student「すべての生徒」、every night「毎晩(すべての夜)」。ここでは every day で「毎日」という意味。選択肢の many は数が多いこと、much は数えられないものの量が多いことを表す。

(2) 訳 **A**：音楽は好きですか？
B：はい。私はギターを弾きます。

ANSWER 2

解説 **1** sports「スポーツ」**2** music「音楽」**3** history「歴史」**4** math「数学」。**A** の文だけを見ると、選択肢の語はどれも入れられる。しかし、**B** は「ギターを弾きます」と答えている。したがって、選択肢の中では music が最も適切な語だとわかる。

(3) 訳 **A**：すみません。お名前は何ですか？
B：私はトム・グリーンです。

ANSWER 1

解説 **1** name「名前」**2** home「家」**3** uncle「おじ」**4** life「生活」。**B** は「私はトム・グリーンです」と自分の名前を答えている。ここから **A** は名前をたずねている、と判断できる。名前の言い方では、My name is Tom Green. の形も覚えておこう。

(4) 訳 私の母は、午前中に新聞を読みます。

ANSWER 2

解説 **1** to「～へ」**2** in「～の中に」**3** on「～の上に」**4** of「～の」。in は「～(の中)に」と場所を表すだけでなく、in the morning「午前中に」のように、時を表す場合にも用いられる。同じような使い方には、in June「6月に」、in 2025「2025年に」などがある。

(5) A : This new (　　) is really nice.
B : I think so, too. It's so cool. I listen to it every day.

1 food　**2** drink
3 song　**4** photo

(6) A : There is a big bag on the table. Is it yours?
B : Yes, it's (　　).

1 mine　**2** I
3 my　**4** me

(7) My name is John Baker. I'm (　　) Canada.

1 from　**2** to
3 down　**4** about

(8) (　　) is the sixth month of the year.

1 June　**2** July
3 August　**4** September

(9) Nana and Mika (　　) good friends. They often play table tennis together.

1 am　**2** are
3 is　**4** does

(5) 訳 A：この新しい歌はとてもいいですね。
B：私もそう思います。とてもすてきです。私は毎日それを聴きます。

ANSWER 3

解説 1 food「食べ物」2 drink「飲み物」3 song「歌」4 photo「写真」。A の文だけを見ると選択肢の語はどれも当てはまる。しかし、B の文を見ると「それを毎日聴きます」と言っているので、song が最も適していると考えられる。listen to ～は「～を聞く（聴く）」、every day は「毎日」という意味。

(6) 訳 A：テーブルに大きなかばんがありますね。あなたのですか？
B：はい、私のです。

ANSWER 1

解説 1 mine「私のもの」2 I「私は」3 my「私の」4 me「私を（私に）」。Is it yours?「あなたのですか？」とたずねられて「はい」と答えているので、「私のもの」を表す語を選ぶ。「私のかばんです」と答えるときは my bag だが、（　）の後に bag がないので mine が正しい。

(7) 訳 私の名前はジョン・ベイカーです。私はカナダ出身です。

ANSWER 1

解説 1 from「～から（来た）、～出身の」2 to「～へ」3 down「～を下って」4 about「～について」。自己紹介をしている場面である。（　）の後に国名が続いているので、「～出身である」という意味を表す from を選ぶ。

(8) 訳 6月は1年のうち6番目の月です。

ANSWER 1

解説 1 June「6月」2 July「7月」3 August「8月」4 September「9月」。「○月は1年のうち○番目の月です」という英文は5級でよく出題される。July は the seventh month、August は the eighth month、September は the ninth month となる。

(9) 訳 ナナとミカはよい友だちです。よく一緒に卓球をします。

ANSWER 2

解説「AはBです」という内容は「A is B」「A are B」と表す。Aの内容が単数なら is を、複数なら are を用いる。ここでは「ナナとミカ」の二人が主語になっているので、are の方を用いる。

(10) ☐ **A**：Please look at ( ) pictures.
B：They are beautiful! Where did you take them?

1 this **2** it
3 these **4** they

(11) ☐ **A**：Oh, you have a new watch. It's very ( ).
B：Thank you. I like it, too.

1 weak **2** poor
3 nice **4** usual

(12) ☐ I play the piano, but my brother ( ). He plays the guitar.

1 isn't **2** aren't
3 don't **4** doesn't

(13) ☐ **A**：( ) is Paul from?
B：He's from France.

1 What **2** When
3 Why **4** Where

(14) ☐ I have an old camera. I ( ) it on weekends.

1 climb **2** decide
3 hurry **4** use

(10) 訳 **A**：これらの写真を見てください。 ANSWER 3

B：美しいですね！　どこで撮ったのですか？

解説 **A** は pictures と言っているので、**A** が見せている写真は複数あることがわかる。選択肢の this、it はどちらも単数なので、答えからは除かれる。they は pictures のような名詞と組み合わせて使うことはないので、正解は these。these pictures で「これらの写真」という意味になる。

(11) 訳 **A**：おや、新しい腕時計を持っているんですね。とてもすてきですね。

B：ありがとうございます。私も気に入っています。

解説 **1** weak「弱い」**2** poor「貧しい」**3** nice「すてきな」**4** usual「いつもの」。時計についての **A** の言葉を聞いて、**B** はお礼を言っている。このことから、**A** が何かよいことを言ってくれたと考えられる。選択肢の中では nice が最も状況に合っている。

(12) 訳 私はピアノを弾きますが、兄（弟）は弾きません。彼はギターを弾きます。 ANSWER 4

解説「兄（弟）はピアノを弾きます」と言うなら My brother plays the piano.「ピアノを弾きません」と否定するときは doesn' t (does not) を用いて、My brother doesn' t play the piano. と言う。does (doesn' t) を使った英文では、動詞は原形になる。

(13) 訳 **A**：ポールはどこの出身ですか？

B：彼はフランスの出身です。

解説 **1** What「何」**2** When「いつ」**3** Why「なぜ」**4** Where「どこ」。**B** の文を見ると「彼はフランスの出身です」と言っているので、出身地（場所）をたずねていると判断できる。場所をたずねるときは、Where を用いる。

(14) 訳 私は古いカメラを持っています。週末にそれを使います。 ANSWER 4

解説 **1** climb「登る」**2** decide「決める」**3** hurry「急ぐ」**4** use「使う」。選択肢の中で「カメラを」と組み合わせて使えるのは use と考えられる。on weekends は「週末に」という意味。カメラを使う週末は何度もあるので、複数形で weekends となっている。

(15) ☐ A：What do you (　　) at breakfast?
B：Milk and orange juice.

1 eat　　2 read
3 drink　　4 fly

(16) ☐ A：What do you do after dinner, Jeff?
B：I often (　　) soccer games on TV.

1 write　　2 speak
3 watch　　4 listen

(17) ☐ A：Do you (　　) that boy?
B：Yes. He's my brother.

1 know　　2 wash
3 stand　　4 fall

(18) ☐ A：Which is your bike, the black one (　　) the red one?
B：The red one is.

1 and　　2 but
3 or　　4 as

(19) ☐ Jim likes swimming. He often goes to the (　　).

1 store　　2 restaurant
3 museum　　4 pool

(15) 訳 **A**：朝食には何を飲みますか？ **ANSWER 3**

B：牛乳とオレンジジュースです。

解説 **1** eat「食べる」**2** read「読む」**3** drink「飲む」**4** fly「飛ぶ」。**B**は「牛乳とオレンジジュース」と答えているので、**A** は飲み物に関係のあることをたずねていると考えられる。選択肢のうち、drink が最も自然につながる。drink milk で「牛乳を飲む」という意味。

(16) 訳 **A**：ジェフ、夕食の後には何をしますか？

B：よくテレビでサッカーの試合を見ます。

解説 **1** write「書く」**2** speak「話す」**3** watch「見る」**4** listen「聞く(聴く)」。after dinner は「夕食後」の意味。夕食後にすることをたずねられて、その答えを完成させる。soccer games「サッカーの試合を」on TV「テレビで」にうまくつながる動詞は **3** の watch。

(17) 訳 **A**：あの男の子を知っていますか？

B：はい。私の弟（兄）です。

解説 **1** know「知っている」**2** wash「洗う」**3** stand「立っている」**4** fall「落ちる」。Do you ～？は「～しますか？」とたずねる文。ここでは that boy「あの男の子」が後ろに続いているので、そこにうまくつながる語を選ぶ。選択肢の中では know が一番自然につながる。

(18) 訳 **A**：どちらがあなたの自転車ですか、黒いのですか、それとも赤いのですか？

B：赤いのです。

解説 Whichは「どちらですか？、どれですか？」とたずねるときに用いる語。ここでは2台の自転車のうち、どちらが相手のものかをたずねている。or は「AまたはB」と、どちらか一方を選んで言うときに用いる語。【例】Do you like dogs or cats?「犬が好きですか、それとも猫ですか？」

(19) 訳 ジムは水泳が好きです。よくプールに行きます。 **ANSWER 4**

解説 **1** store「店」**2** restaurant「レストラン」**3** museum「博物館」**4** pool「プール」。最初の文とのつながりを考えて答える。最初の文で、ジムは水泳が好きなことがわかる。水泳の好きなジムが行く所なので pool となる。

(20) **A**：My favorite ( ) is table tennis.
B：Really? I often play it, too.

1 shop **2** sport
3 garden **4** fruit

(21) **A**：That's Jane.
B：Oh, she's our teacher. Her ( ) is really long.

1 coin **2** desk
3 watch **4** hair

(22) My father has a ( ) box in his bag.

1 beautiful **2** much
3 every **4** well

(23) **A**：I usually ( ) the dishes after dinner.
B：That's great!

1 sleep **2** come
3 wash **4** meet

(24) **A**：Let's ( ) shopping at the new department store next Saturday.
B：Good idea!

1 have **2** give
3 get **4** go

(20) 訳 **A**：私のお気に入りのスポーツは卓球です。
B：本当に？　私もよくプレーします。

ANSWER 2

解説 **1** shop「店」**2** sport「スポーツ」**3** garden「庭園」**4** fruit「果物」。ここでは table tennis「卓球」のことを話題にしているので sport が正解。**B** の Really? は「本当に？」と、驚いたときなどに使う表現。

(21) 訳 **A**：あれはジェーンです。
B：ああ、私たちの先生です。彼女の髪は本当に長いです。

ANSWER 4

解説 **1** coin「硬貨」**2** desk「机」**3** watch「腕時計」**4** hair「髪」。ジェーンのことを話題にして「彼女の○は本当に長いです」と言っているので、hair が正解。really は「本当に」の意味。

(22) 訳 私の父はかばんの中に美しい箱を持っています。

ANSWER 1

解説 **1** beautiful「美しい」**2** much「とても」**3** every「毎…」**4** well「上手に」。a (　　) box と、箱のことを話題にしているので、箱を説明する beautiful が正解。また、英単語の語順は、a beautiful box となるので注意する。

(23) 訳 **A**：私はふだん夕食後に皿を洗います。
B：それはすばらしい！

ANSWER 3

解説 **1** sleep「眠る」**2** come「来る」**3** wash「洗う」**4** meet「会う」。「次の語句に自然につなげる」ことを考える。ここでは the dishes「皿」につながる語を選ぶ。選択肢のうち、wash が最も自然につながる。wash the dishes で「皿を洗う」という意味。after dinner は「夕食後」の意味。

(24) 訳 **A**：今度の土曜日、新しいデパートに買い物に行きましょう。
B：いい考えですね！

ANSWER 4

解説 go shopping は「買い物に行く」という意味の熟語。似たような表現に、go swimming「泳ぎに行く」、go skiing「スキーに行く」などがある。Let's ～. は「～しよう」と誘う表現。～には動詞の原形(もとの形)が入る。Let's go shopping. で「買い物に行こう」という意味になる。

(25) **A**：Does George like books?
B：Yes, he does. He has a (   ) of books in his room.
1 some **2** many
3 much **4** lot

(26) Meg drinks a (   ) of milk every morning.
1 glass **2** tea
3 strawberry **4** soap

(27) **A**：Come in, Andy. You can (   ) down on the chair.
B：Thank you, Mr. White.
1 do **2** live
3 sit **4** stop

(28) Everyone, please (   ) up. Let's sing this English song together.
1 watch **2** hear
3 meet **4** stand

(29) **A**：Thank you (   ) the T-shirt. It is so nice.
B：You're welcome.
1 for **2** in
3 on **4** from

(25) 訳 **A**：ジョージは本が好きですか？ **ANSWER 4**

B：はい。彼は自分の部屋にたくさんの本を持っています。

解説 a lot of ～は「たくさんの～」という意味になる。a lot of friends は「大勢の友だち」、a lot of flowers は「たくさんの花」。ここでは a lot of books で「たくさんの本」を表している。

(26) 訳 メグは毎朝グラス１杯の牛乳を飲みます。 **ANSWER 1**

解説 a glass of ～は「グラス１杯の～」という意味の熟語。a glass of water は「グラス１杯の水」となる。ここでは a glass of milk で「グラス１杯の牛乳」。選択肢の tea は「お茶」、strawberry は「イチゴ」、soap は「石けん」のこと。

(27) 訳 **A**：入りなさい、アンディ。その椅子に座っていいですよ。 **ANSWER 3**

B：ありがとうございます、ホワイト先生。

解説 **1** do「する」**2** live「住む」**3** sit「座る」**4** stop「止まる」。アンディがホワイト先生の部屋を訪れている場面の対話。sit down は「座る」、come in は「中に入る」という意味の熟語。ここでは「入りなさい」という命令文で使われている。

(28) 訳 皆さん、立ってください。この英語の歌を一緒に歌いましょう。 **ANSWER 4**

解説 **1** watch「見る」**2** hear「聞こえる」**3** meet「会う」**4** stand「立つ」。stand up は「立ち上がる」という意味の熟語。ここでは命令文 Please stand up.「どうぞ立ち上がってください」の中で使われている。sit down「座る」と stand up は、ペアで覚えておくとよい。

(29) 訳 **A**：Tシャツをどうもありがとう。とてもすてきですね。 **ANSWER 1**

B：どういたしまして。

解説 Thank you for ～. は「～をありがとう」という意味の熟語。Thank you for the letter. は「お手紙をどうもありがとう」、Thank you for the present. は「贈り物をどうもありがとう」となる。You' re welcome. はお礼への返答の文。

(30) ☐ **A**：What do you do on Sundays?
B：I play the piano (　　) home.

1 with　　**2** to
3 at　　**4** on

(31) ☐ My brother (　　) up at six every morning.

1 has　　**2** gets
3 knows　　**4** stops

(32) ☐ (　　) at those flowers. They are really beautiful.

1 Hear　　**2** Use
3 Look　　**4** Clean

(33) ☐ Maria plays basketball (　　) school every day.

1 from　　**2** after
3 about　　**4** into

(34) ☐ **A**：Where is Paul?
B：He's in the music room. He's (　　) the piano.

1 play　　**2** plays
3 playing　　**4** played

(30) 訳 A：日曜日には何をしますか？
B：家でピアノを弾きます。
ANSWER 3

解説 at homeは「家で」という意味の熟語。study at home は「家で勉強する」、work at home は「家で働く」となる。ここでは、play the piano at home で「家でピアノを弾く」を表している。

(31) 訳 私の兄（弟）は毎朝6時に起きます。
ANSWER 2

解説 **1** have「持っている」**2** get「手に入れる」**3** know「知っている」**4** stop「止まる」それぞれの三人称単数形。get up は「起きる、起床する」、every morning は「毎朝」という意味の熟語。「起床する」の反対は go to bed「就寝する」となる。

(32) 訳 あれらの花を見てごらん。本当に美しい。
ANSWER 3

解説 **1** hear「聞こえる」**2** use「使う」**3** look「見る」**4** clean「きれいにする」。look at ～ は「～を見る」という意味の熟語。5級ではよく出題される。ここでは文の初めにあるので「～を見てごらん」という命令文になっている。

(33) 訳 マリアは放課後、毎日バスケットボールをします。
ANSWER 2

解説 **1** from「～から」**2** after「～の後で」**3** about「～について」**4** into「～の中へ」。after school は学校が終わった後、つまり「放課後」という意味になる。同じように、「夕食後」は after dinner、「夏休みの後に」は after the summer vacation と言えばよい。反対に「～の前に」と言いたいときは before ～ を用いる。

(34) 訳 A：ポールはどこにいるの？
B：音楽室にいます。ピアノを弾いています。
ANSWER 3

解説 He is playing the piano. は「今、ちょうどピアノを弾いているところ」という意味を表す進行形の文。be 動詞と、動詞の -ing 形を組み合わせて作る。He plays the piano. と言うと、彼は日常的にピアノを弾く、という内容になる（必ずしも今弾いているとは限らない）。

(35) **A**：Can I have a (　　) of tea, please?
B：Sure. Here you are.

1 cup　　**2** dinner
3 juice　　**4** table

(36) **A**：Where does your brother live?
B：He lives (　　) Canada.

1 in　　**2** of
3 for　　**4** from

(37) **A**：(　　) time does the movie begin?
B：At three.

1 Who　　**2** Whose
3 When　　**4** What

(38) My mother likes (　　). She grows roses and tulips in her garden.

1 flowers　　**2** stars
3 shirts　　**4** books

(39) My sister plays volleyball (　　) Sundays.

1 in　　**2** at
3 on　　**4** by

(35) 訳 **A：お茶を１杯いただけますか？**

B：もちろん。はい、どうぞ。

解説 **1** cup「カップ」**2** dinner「夕食」**3** juice「ジュース」**4** table「テーブル」。「お茶を１杯」は a cup of tea と言う。「コーヒーを１杯」は a cup of coffee と言えばよい。また「お茶を２杯」は two cups of tea となる。冷たい飲み物の場合はカップではなくグラスに入れるので、「水を１杯」は a glass of water、「ジュースを１杯」は a glass of juice となる。

(36) 訳 **A：お兄さん（弟さん）はどこに住んでいるのですか？**

B：カナダに住んでいます。

解説 live in の後に場所を表す言葉を入れると「～に住んでいる」という意味になる。**【例】** I live in Osaka.「私は大阪に住んでいます」。ここでは my brother という一人が主語になっているので、動詞 live に s がつき、lives となる。

(37) 訳 **A：映画は何時に始まりますか？**

B：３時です。

解説 **1** who「誰が」**2** whose「誰の」**3** when「いつ」**4** what「何」。**B** の言葉を見ると At three.「３時です」と時間を答えていることがわかる。そこで、**A** は時間をたずねているのだろうと考えられる。what は time と組み合わせて what time「何時」という意味を表す。when も時間をたずねる語だが、ほかの語と組み合わせずに単独で用いる。

(38) 訳 **私の母は花が好きです。庭でバラとチューリップを育てています。**

解説 それぞれ **1** flower「花」**2** star「星」**3** shirt「シャツ」**4** book「本」の複数形。２文目に「庭でバラとチューリップを育てている」とあるので、花が好きだということが推測できる。

(39) 訳 **私の姉（妹）は日曜日にバレーボールをします。**

ANSWER **3**

解説 時間を表す表現。「○日に」「○曜日に」は、on を用いて表す。「５月10日に」は on May 10th、「月曜日に」は on Monday となる。「日曜日に」は on Sunday だが、ここでは１日だけでなく毎週のようにバレーボールをしているので複数形の Sundays になっている。

(40) **A**：Do you know that boy?
B：Yes, I (　　). He's Lucy's brother.

1 am　　**2** is
3 do　　**4** does

(41) I have three clocks. I use (　　) every day.

1 our　　**2** us
3 them　　**4** their

(42) (　　) use a pen. You can only use a pencil.

1 Does　　**2** Is
3 Don't　　**4** Isn't

(43) **A**：How (　　) is the DVD?
B：It's 3,000 yen.

1 new　　**2** fine
3 much　　**4** many

(44) **A**：What is the (　　) month of the year?
B：It's March.

1 one　　**2** three
3 first　　**4** third

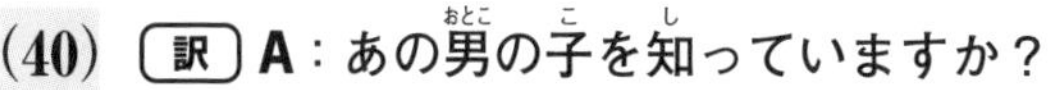

(40) 訳 A：あの男の子を知っていますか？

B：はい。ルーシーの弟（兄）です。

解説 do、does、can の質問には、do、does、can を使って答えるのが原則。am、are、is の質問には、am、are、is を使って答える。ここでは **A** が do を使ってたずねているので、答えにも do を用いる。なお主語が一人のときは does を使い、二人以上のときは do を使う。ただし主語が I、you のときは do を使う。

(41) 訳 私は時計を三つ持っています。私はそれらを毎日使います。

ANSWER 3

解説 **1** our「私たちの」**2** us「私たちに」**3** them「それらを」**4** their「それらの」。最初の文で「私」が持っている時計のことを話題にし、次の文はこの時計について書かれている。our「私たちの」、us「私たちを」は時計のことではないので除く。them、their のうち、I use「私は使う」と組み合わせて使えるのは them。

(42) 訳 ペンは使わないでください。鉛筆だけを使うことができます。

ANSWER 3

解説「～してはいけない」という否定の命令文。Don' t ～ . と表す。～には動詞の原形が入る。Don' t use a pen. は「ペンを使わないでください」という意味。「走ってはいけない」は Don' t run. 、「話してはいけない」は Don' t speak. と言う。

(43) 訳 A：そのDVDはいくらですか？

B：3,000円です。

解説 **1** new「新しい」**2** fine「良い」**3** much「たくさんの」**4** many「たくさんの」。**A** の質問に対して **B** が「3,000円です」と答えているので、**A** は How much「いくら」を用いて値段をたずねていると考えられる。How many ～で、～の数をたずねる文章になるということも覚えておこう。

(44) 訳 A：１年のうち３番目の月は何ですか？

B：３月です。

解説「１年で○番目の月は○月です」という英文は５級でよく出題される。「○番目」のように順番を表すときは first、second、third、fourth などの語を、数や量を表すときは one、two、three、four などの語をそれぞれ用いる。March は「３月」なので「３番目」にあたる third が正解。

短文の語句空所補充

次の（　　）に入れるのに最も適切なものを 1、2、3、4 の中から一つ選びなさい。

(1) **A**：Excuse me. How much is this pencil case?
B：It's four（　　）yen.

1 meters　**2** rackets
3 hundred　**4** money

(2) **A**：Where is your father?
B：He is in the（　　）. He is cooking lunch.

1 kitchen　**2** bedroom
3 classroom　**4** bathroom

(3) My bag is very old, so I want a（　　）one.

1 bad　**2** low
3 little　**4** new

(4) **A**：What（　　）does Lucy like?
B：She likes pink.

1 season　**2** train
3 color　**4** food

(1) 訳 A：すみません。この筆箱はいくらですか？

B：400円です。

ANSWER 3

解説 **1** meter「メートル」**2** racket「ラケット」**3** hundred「百」**4** money「金」。meters は meter の複数形で長さの単位。rackets は racket の複数形。How much ～？ は「～はいくらですか？」と、値段をたずねる表現。hundred が正解。

(2) 訳 A：あなたのお父さんはどこにいますか？

B：彼は台所にいます。彼は昼食を作っています。

解説 **1** kitchen「台所」**2** bedroom「寝室」**3** classroom「教室」**4** bathroom「ふろ場」。cook「料理をする」、lunch「昼食」から、kitchen が自然。He is cooking は「料理をしているところ」という意味を表す進行形の文。

(3) 訳 私のかばんはとても古いので、新しいものがほしいです。

ANSWER 4

解説 **1** bad「悪い」**2** low「低い」**3** little「小さい」**4** new「新しい」。「私のかばんはとても古いので」とあることから、新しいものをほしがっていると推測できる。one は代名詞として使うことができ、名詞のくり返しを避けるために前述の bag の言い換えとして使われている。

(4) 訳 A：ルーシーは何色が好きですか？

B：ピンクが好きです。

解説 **1** season「季節」**2** train「電車」**3** color「色」**4** food「食べ物」。**A** は「何の（　）が好きですか？」とたずねている。選択肢のどの語も当てはまるが、**B** を見ると「ピンクが好き」と言っているので、色についてたずねているとわかる。

(5) OK, let's start. First, open your textbooks to ( ) 35.

1 page　2 yen
3 box　4 clock

(6) A : It's very ( ) today.
B : Yes. Look. It's snowing.

1 young　2 old
3 cold　4 tall

(7) A : Your T-shirt is very ( ), Pat.
B : Thanks, Richard. I like its color.

1 happy　2 pretty
3 sorry　4 cloudy

(8) Betty is ( ) in the music class. She likes American songs.

1 cooking　2 washing
3 singing　4 looking

(9) Mari can ( ) English and Chinese.

1 wash　2 speak
3 close　4 eat

(5) 訳 **オーケー、では始めましょう。まず、教科書35ページを開きなさい。** ANSWER 1

解説 **1** page「ページ」**2** yen「(通貨単位の)円」**3** box「箱」**4** clock「時計」。数字の 35 を伴う語として、選択肢の中では page と yen が考えられる。ここでは教科書を開きなさいと話しているので、page が答えだとわかる。

(6) 訳 **A：今日はとても寒いですね。**
B：はい。ほら。雪が降っています。 ANSWER 3

解説 **1** young「若い」**2** old「年をとった」**3** cold「寒い」**4** tall「背が高い」。天気などは、It's ～. と表すことができる。例えば「今日は暑い」は It's hot today.、「今日は晴れている」は It's sunny today. となる。**B** の Look. は「ほら、見て」と呼びかける言葉。

(7) 訳 **A：パット、Tシャツがかわいいですね。**
B：ありがとう、リチャード。その色が好きなんです。 ANSWER 2

解説 **1** happy「幸せな」**2** pretty「かわいい」**3** sorry「申し訳なく思って」**4** cloudy「曇り」。「Tシャツが○ですね」とリチャードに言われているので、適する語は pretty のみ。color「色」。

(8) 訳 **ベティは音楽の授業で歌っています。彼女はアメリカの歌が好きです。** ANSWER 3

解説 **1** cook「料理をする」**2** wash「洗う」**3** sing「歌う」**4** look「見る」それぞれの -ing形。「音楽の授業」のつながりから適するのは singing。singing は「今ちょうど歌っているところ」という意味。「be動詞 (is) + -ing形」で、「～している」という進行中の動作を表す。

(9) 訳 **マリは英語と中国語を話すことができます。** ANSWER 2

解説 **1** wash「～を洗う」**2** speak「～を話す」**3** close「～を閉める」**4** eat「～を食べる」。4つの選択肢の中で English and Chinese「英語と中国語」に最も自然につながるのは「～を話す」という意味の **2** speak。

(10) This hat is too ( ). I want a big one.
☐
1 high 2 easy
3 busy 4 small

(11) This train goes from Tokyo ( ) Osaka.
☐
1 as 2 by
3 with 4 to

(12) Our school has a ( ) library. A lot of students can study and read books together there.
☐
1 short 2 black
3 big 4 sunny

(13) **A**：Sophia, do you want some coffee?
☐
B：No thanks. Just ( ), please.
1 window 2 blue
3 water 4 foot

(14) **A**：Let's ( ) about our school trip.
☐
B：All right.
1 drink 2 have
3 talk 4 see

(10) 訳 **この帽子は小さすぎる。私は大きいのがほしい。** ANSWER 4

解説 **1** high「高い」**2** easy「簡単だ」**3** busy「忙しい」**4** small「小さい」。「○が小さすぎる」(ので)「大きいのがほしい」とつながっている。big「大きい」の反対語 small「小さい」を選ぶ。正解でない語についても、意味がわかるようにしておこう。

(11) 訳 **この電車は東京から大阪まで行きます。** ANSWER 4

解説 from A to B で「AからBまで」という意味の熟語になる。「名古屋から京都まで」は from Nagoya to Kyoto となる。また、from Monday to Friday のように、時間的なことにも使える。

(12) 訳 **私たちの学校には大きい図書館があります。大勢の生徒がそこで一緒に勉強したり本を読んだりすることができます。** ANSWER 3

解説 **1** short「短い」**2** black「黒い」**3** big「大きい」**4** sunny「晴れている」。libraryは「図書館」。大勢の生徒がそこで一緒に勉強したり本を読んだりできると言っているので、この学校の図書館は大きい、と考えられる。

(13) 訳 **A：ソフィア、コーヒーはいかがですか？**
B：いいえけっこうです。お水をお願いします。 ANSWER 3

解説 **1** window「窓」**2** blue「青」**3** water「水」**4** foot「足」。「コーヒーはいかがですか？」とたずねられて「いいえけっこうです」と答えているので、コーヒー以外の飲み物をお願いしていることがわかる。Do you want ～? は「～はいかがですか？」という表現。

(14) 訳 **A：修学旅行について話しましょう。**
B：わかりました。 ANSWER 3

解説 **1** drink「～を飲む」**2** have「～を持つ」**3** talk「話す」**4** see「わかる」。talk about で「～について話す」という意味を表す。all right には、「わかった、了解した」などの意味がある。

(15) Ms. Baker is an English teacher. She comes ( ) Australia.

1 under　2 about
3 before　4 from

(16) Welcome ( ) the show. Please enjoy the dinner and the music.

1 with　2 to
3 of　4 after

(17) Tommy cooks very ( ).

1 down　2 well
3 up　4 out

(18) **A**：Jack, are you free this weekend? Can you come ( ) my birthday party on Sunday?
B：Sure. Thank you.

1 to　2 from
3 with　4 of

(19) My father often ( ) to music in his room after dinner.

1 buys　2 knows
3 sees　4 listens

(15) 訳 ベーカーさんは英語の先生です。彼女はオーストラリアから来ています。

解説 **1** under「～の下に」**2** about「～について」**3** before「～の前に」**4** from「～から」。come from ～は「～から来ている（出身である）」なので from が正解。「～出身」には、I am from ～. という表現もある。

(16) 訳 ショーにようこそ。皆さん、楽しい時を過ごしてください。

解説 Welcome to ～. で「～にようこそ」という意味になる。【例】Welcome to Japan.「日本にようこそ」、Welcome to the party.「パーティーにようこそ」のように使う。enjoyは「楽しむ」という動詞。

(17) 訳 トミーはとても上手に料理をします。

ANSWER 2

解説 **1** down「下に」**2** well「上手に」**3** up「上に」**4** out「外に」。単語の意味のつながりに合う副詞を選ぶ。Tommy cooks「トミーは料理をする」と言っているので、「上手に」という様態を表す副詞 well が適切。very well は、「とても上手に」という意味。

(18) 訳 **A**：ジャック、今週末は空いていますか？ 日曜日、私の誕生日会に来てくれますか？

B：もちろん。ありがとうございます。

ANSWER 1

解説 **1** to「～に、～へ」**2** from「～から」**3** with「～といっしょに」**4** of「～の」。「私の誕生日会……来てくれますか？」という意味の流れに最も自然に当てはまるのは、**1** to。誕生日会に来てくれるように誘う表現になっている。

ANSWER 4

(19) 訳 父はよく夕食後、自分の部屋で音楽を聴く。

解説 **1** buy「買う」**2** know「知っている」**3** see「見える」**4** listen「聞く（聴く）」それぞれの三人称単数現在形。listen to ～ は「～を聞く（聴く）」という意味の熟語。5級でよく出題される。後ろに music「音楽」が続くので、listen to music「音楽を聴く」という意味を表している。

短文の語句空所補充

次の（　）に入れるのに最も適切なものを **1**、**2**、**3**、**4** の中から一つ選びなさい。

(1) ☐
A：Wow, this violin is nice.（　　）is it?
B：It's my sister's.

1 Where　　**2** When
3 How　　**4** Whose

(2) ☐
We have a summer festival in August. A lot of（　　）come, and they have a good time.

1 money　　**2** time
3 people　　**4** vacation

(3) ☐
A：Where do you usually have（　　）?
B：At the hamburger restaurant near the station.

1 town　　**2** food
3 house　　**4** lunch

(4) ☐
A：Jessica, where is your cat?
B：She is（　　）the table.

1 among　　**2** between
3 under　　**4** for

(1) 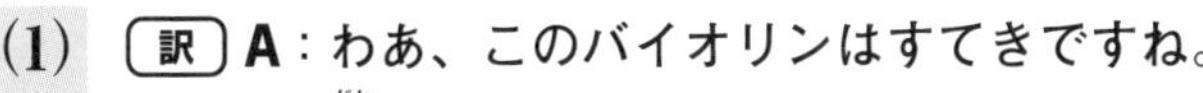
訳 A：わあ、このバイオリンはすてきですね。誰のですか？
B：私の姉（妹）のです。

ANSWER 4

解説 **1** where「どこで」**2** when「いつ」**3** how「どのように」**4** whose「誰の」。**B** の返答を見ると、It's my sister's.「私の姉（妹）のです」と答えていることから、**A** は誰のものかたずねていると考えられる。Whose violin is it？「それは誰のバイオリンですか」ということもできる。

(2) 訳 8月に夏祭りがあります。たくさんの人々が来て、楽しい時を過ごします。

ANSWER 3

解説 **1** money「お金」**2** time「時間」**3** people「人々」**4** vacation「休暇」。a lot of は「たくさんの」という意味の熟語。ここでは夏祭りに「たくさんの○が来て楽しく過ごす」と言っているので、選択肢の中では people が最も適している。

(3) 訳 A：昼食はふだん、どこでとりますか？
B：駅のそばのハンバーガーレストランです。

ANSWER 4

解説 **1** town「町」**2** food「食べ物」**3** house「家」**4** lunch「昼食」。**B** は「駅の近くのハンバーガーレストランで」と答えているので、食事をする場所をたずねているのだろうと推測できる。

(4) 訳 A：ジェシカ、あなたのねこはどこにいますか？
B：テーブルの下にいます。

ANSWER 3

解説 **1** among「（3つ以上のもの）の間に」**2** between「（2つのもの）の間に」**3** under「～の下に」**4** for「～に向かって」。**A** はねこがどこにいるかたずねている。4つの選択肢の中で **B** の返答に用いて最も自然な文になるのは **3** under。「テーブルの下にいる」という文になる。

(5) Cindy often goes to the ( ) in her town, and looks at the animals there.

1 zoo　　2 bank
3 hotel　　4 hospital

(6) **A**：Who's that man over ( )?
B：He's our English teacher.

1 before　　2 after
3 there　　4 together

(7) **A**：( ) do you play soccer?
B：On Sundays.

1 Who　　2 What
3 How　　4 When

(8) **A**：Do you like your school?
B：Yes, ( ) course!

1 on　　2 of
3 to　　4 into

(9) **A**：Lisa, ( ) is that girl?
B：She is our new classmate.

1 who　　2 when
3 whose　　4 how

(5) 訳 **シンディはよく彼女の町の動物園に行って、動物を見ます。**

解説 **1** zoo「動物園」**2** bank「銀行」**3** hotel「ホテル」**4** hospital「病院」。文の前半だけを見ると、選択肢のどの語も入れられる。しかし、後半を見ると「そこで動物を見る」と言っているので、答えは **1** の zoo にしぼられる。なお look at ～は「～を見る」という熟語。

(6) 訳 **A：あそこの男性は誰ですか？**
B：私たちの英語の先生です。

解説 **1** before「～の前に」**2** after「～の後に」**3** there「そこに」**4** together「一緒に」。離れた所を指して「向こうの、あそこの」と言うには over there を用いる。that man over there は「向こうにいるあの男の人」という意味。

(7) 訳 **A：いつサッカーをしますか？**
B：日曜日にします。

解説 **1** who「誰」**2** what「何」**3** how「どのように」**4** when「いつ」。**B** が On Sundays.「日曜日に(します)」と答えているので、**A** はサッカーをいつするのかをたずねていると考えられる。したがって、when が適切な語だとわかる。

(8) 訳 **A：学校は好きですか？**
B：はい、もちろん！

解説 of course は「もちろん」という意味の熟語。ここでは「もちろん学校が好きだ」として使われている。ただし、この表現は多用すると失礼になってしまうこともあるので、使いすぎないよう注意しよう。

(9) 訳 **A：リサ、あの女の子は誰ですか？**
B：彼女は私たちの新しいクラスメイトです。

ANSWER
1

解説 **1** who「誰」**2** when「いつ」**3** whose「誰の」**4** how「どのように」。**B** が「私たちの新しいクラスメイトです」と答えているので、**A** は、女の子が誰なのかをたずねていると考えられる。

単語の上手な覚え方

◆関連付けて覚えよう

英語を学習していく中で、たくさんの単語や熟語を覚えることが必要になります。その際、せっかくなら「覚えやすく忘れにくい」方法で学習できるといいですね。そのためには、なるべく「関連付けて覚える」ことを心がけましょう。

❶同じ仲間はまとめて覚える

「曜日の名前」「月の名前」などはまとめて覚えるのが楽です。また、次のような同じ仲間になる単語もまとめて覚えるとよいでしょう。

例 色の名前 … red、blue、green、white
家族関係の語 … father、mother、brother、sister
体に関する語 … head、face、hand、foot
対になる形容詞 … long - short、new - old

❷まぎらわしい単語はペアで覚える

形や意味が似ていてまぎらわしい単語は、ペアにして対比しながら覚えるとよいでしょう。

例 fast（速い）- first（最初の）
fast（速度が「速い」）- early（時間が「早い」）
see（見る）- sea（海）
hear（聞く）- here（ここに）

❸外来語を活用する

外来語として日本語になっている英単語はたくさんあります。これを活用しない手はありませんね。ただし、時どき意味が微妙に異なることがあるので注意しましょう。

例 soccer（サッカー）、tennis（テニス）、pen（ペン）、bag（バッグ）

＊basketball（バスケットボール）→「バスケット（basket）」と略すと、「かご」の意味になります。

＊notebook（ノート）→「ノート（note）」と略すと、「メモ」の意味になります。

第2章

会話文の文空所補充

5th Grade

会話文の文空所補充

(　　)の中を補って自然な流れの対話を完成する、という問題です。5問出ます。

この問題はおもに次の二つの種類に分けられます。

❶「質問する → 答える」のパターン

❷「働きかける → 応じる」のパターン

Wh-語の意味をしっかりマスターしよう

「質問する → 答える」というパターンの対話では、まず質問の意味をしっかりつかむことが大切です。そのためには、Wh-語の意味をきちんと理解しておく必要があります。

what「何」　who「誰」　which「どちら、どれ」　whose「誰の」

when「いつ」　where「どこ」　how「どのように」

次のように、別の語と組み合わせてたずねる表現もよく出題されます。

what color「何色」　what day「何曜日、何日」

what time「何時」　what sport(s)「何のスポーツ」

how old「何歳」　how many「いくつ」

例題 (　　)に入れるのに最も適切なものを選びなさい。

Girl：What color is your bike?

Boy：(　　)

1 It's in my house.　**2** It's two thirty.

3 It's red.　**4** It's new.

正解 3

訳 女の子：あなたの自転車は何色ですか？

男の子：赤です。

女の子の質問はWhat color「何色」で始まっています。つまり質問のポイントは、ずばり「色」。そこで選択肢の中から「色」を答えているものを探します。**1** は場所（家の中）、**2** は時刻（2時30分）、**4** は状態（新しい）について答えています。**3** が色（赤い）を答えているので正解です。

Point 2 「働きかける → 応じる」の基本パターンを頭に入れよう

このパターンの問題を解くには、英語の会話にある基本パターンを頭に入れておくと役立ちます。

【知っておきたい基本パターン】

Thank you.「ありがとう」 → You're welcome.「どういたしまして」
I'm sorry.「すみません」 → That's all right (OK).「いいですよ」
Let's ～.「～しましょう」 → Yes, let's. / Sure. / OK.「そうしましょう」
Can I ～？「～してもいいですか」 → Sure. / All right.「いいですよ」

例題 （　　）に入れるのに最も適切なものを選びなさい。

Girl：Good-bye, Harry. Have a nice vacation.
Boy：(　　) Bye.

1 You, too.　　**2** Where are you from?
3 You're welcome.　　**4** That's OK.

正解 **1**

訳 女の子：さようなら、ハリー。よい休暇を。
男の子：君もね。さようなら。

長い休みの前の対話です。女の子は「さようなら。すてきな休暇を過ごしてね」と言っています。それに対する男の子の応答を選びます。**2** は出身地をたずねる表現（あなたの出身地はどこ？）。**3** はお礼の言葉への応答（どういたしまして）。**4** はおわびの言葉への応答（いいですよ）。どれもこの状況には合いません。**1** の You, too.「君もね」が正解。

会話文の文空所補充

次の（　）に入れるのに最も適切なものを **1**、**2**、**3**、**4** の中から一つ選びなさい。

(1) ☐ **Teacher**：What do you have in your bag?
Student：(　　)

1 It's on the desk.　　**2** Some comic books.
3 Yes, I do.　　**4** It's four o'clock.

(2) ☐ **Woman**：What time is the next train?
Man：(　　)

1 Two o'clock.　　**2** For three hours.
3 At Tokyo Station.　　**4** No, it isn't.

(3) ☐ **Man**：I like Japanese food. (　　)
Woman：Me, too.

1 How tall are you?　　**2** How are you?
3 How about you?　　**4** How much is it?

(4) ☐ **Boy**：Dad, where's my watch?　Do you know?
Father：Yes. (　　)

1 It's on the table.　　**2** It's new.
3 The white one.　　**4** Every day.

(1) 訳 **先生**：バッグの中に何を持っているのですか？
生徒：マンガ本です。

ANSWER 2

解説 **1** 机の上にあります。**2** マンガ本です。**3** はい、します。**4** 4時です。　先生の質問はWhat do you have ～?「何を持っていますか？」となっているので、「持ち物」を答えればよい。Some comic books. の some は「いくつかの」という意味。

(2) 訳 **女性**：次の電車は何時ですか？
男性：2時です。

解説 **1** 2時です。**2** 3時間です。**3** 東京駅で。**4** いいえ、違います。女性は What time is ～?「～は何時ですか？」と、時刻をたずねている。そこで、時刻を答えているものを選ぶ。the next train は「次の電車」という意味。**2** は時間がどのくらいかかるかを言うときなどに用いる。

(3) 訳 **男性**：私は日本食が好きです。あなたはどうですか？
女性：私もです。

ANSWER 3

解説 **1** あなたの身長はどれくらいですか？ **2** お元気ですか？ **3** あなたはどうですか？ **4** それはいくらですか？　How about ～? は「～はどうですか？」という質問に用いる。男性は、自分は日本食が好きだが、あなたはどうですか、とたずねている。**1** は身長を、**2** は心身の調子を、**4** は値段をたずねる質問。Me, too. は「私もそうです」という表現。

(4) 訳 **男の子**：お父さん、ぼくの時計はどこ？　知ってる？
父親：ああ。そのテーブルの上だよ。

解説 **1** そのテーブルの上です。**2** それは新しいです。**3** 白いものです。**4** 毎日です。　男の子の質問は Where's (= Where is) ～?「～はどこですか？」、つまり場所をたずねている。そこで、選択肢の中から場所を答えているものを選ぶ。on the table が「テーブルの上」という場所を表しているので、これが正解。

(5) ☐ **Teacher** : Whose T-shirt is this?
Student : (　　)
1 In the living room.　**2** About 1,000 yen.
3 It's mine.　**4** Yes, it is.

(6) ☐ **Mother** : It's time for bed, Alice.
Girl : OK, Mom. (　　)
1 Good night.　**2** Nice to meet you.
3 That's OK.　**4** Here it is.

(7) ☐ **Woman** : How many DVDs do you have in this box?
Man : (　　)
1 I like them.　**2** They are good movies.
3 About one hundred.　**4** No, I don't.

(8) ☐ **Boy** : I need a red pen. (　　)
Girl : Yes. Here you are.
1 What color is it?　**2** How many pens?
3 Are you studying?　**4** Do you have one?

(9) ☐ **Father** : It's cold now. Can you close the windows, Kim?
Girl : (　　)
1 No, it isn't.　**2** OK.
3 Me, too.　**4** Tomorrow.

(5) 訳 **先生**：これは誰のTシャツですか？
生徒：ぼくのです。

ANSWER 3

解説 **1** リビング（居間）の中です。**2** 約1,000円です。**3** ぼくのです。**4** はい、そうです。　Whose ○ ～ ?は「誰の」と「持ち主」をたずねる言葉。ここではTシャツの持ち主をたずねている。**3** の mine が「ぼくのもの」と持ち主を表しており、これが正解。It's mine. = It's my T-shirt.

(6) 訳 **母親**：アリス、寝る時間ですよ。
女の子：はい、お母さん。おやすみなさい。

解説 **1** おやすみなさい。**2** お会いできてうれしいです。**3** いいですよ。**4** はい、どうぞ。　It's time for ～. は「～の時間ですよ」という表現。ここでは、寝る時間だと言っている。Good night. は「おやすみなさい」にあたる言葉。**2** は初めて会ったときに、**3** は相手が謝っているときなどに、**4** は相手に何かを渡すときに使う。

(7) 訳 **女性**：この箱の中にDVDを何枚持っているのですか？
男性：100枚くらいです。

解説 **1** それらが好きです。**2** それらはよい映画です。**3** 100枚くらいです。**4** いいえ、しません。　How many ～ ?は「いくつ」と数をたずねる表現。ここではDVDの数をたずねている。**3** の about は「およそ～」という意味。About one hundred. は、数を答えているので、これが正解。

(8) 訳 **男の子**：ぼく、赤いペンが必要なんだ。君、持ってる？
女の子：ええ。はい、どうぞ。

ANSWER 4

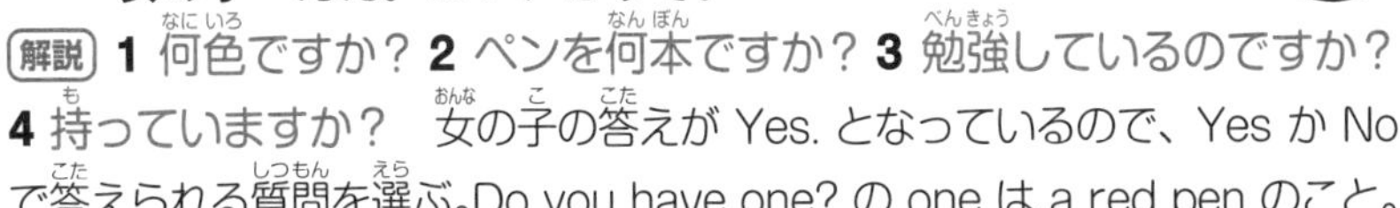

解説 **1** 何色ですか？ **2** ペンを何本ですか？ **3** 勉強しているのですか？ **4** 持っていますか？　女の子の答えが Yes. となっているので、Yes か No で答えられる質問を選ぶ。Do you have one? の one は a red pen のこと。

(9) 訳 **父親**：寒くなったね。キム、窓を閉めてくれるかな？
女の子：いいわよ。

解説 **1** いいえ、ちがいます。**2** わかりました。**3** 私もです。**4** 明日です。父親の言葉 Can you ～? は、相手に何かができるかをたずねるときや、相手に何かを軽く頼むときに使う。ここでは、窓を閉めることを頼んでいる。それを引き受けるときには、OK. / All right. / Sure. などと言う。

(10) ☐ **Woman**：Do you want tea or coffee?

Man：(　　)

1 Tea, please. **2** Yes, you do.

3 Here you are. **4** I drink it every day.

(11) ☐ **Boy**：Where is Amy from?

Girl：(　　)

1 From seven o'clock. **2** She's from New York.

3 No, she isn't. **4** She's a nice girl.

(12) ☐ **Woman**：Thank you for the flowers. They are beautiful.

Man：(　　)

1 That's all. **2** You're welcome.

3 I'm here. **4** You're from Japan.

(13) ☐ **Mother**：(　　) Mac?

Boy：A hamburger!

1 Where do you live,

2 Where is your school,

3 Do you eat lunch every day,

4 What do you want for lunch,

(14) ☐ **Man**：Your passport, please.

Woman：(　　)

1 It's mine. **2** Where are you from?

3 Here you are. **4** No, it isn't.

(10) 訳 **女性**：紅茶がいいですか、それともコーヒーですか？
男性：紅茶をいただきます。

解説 **1** 紅茶をいただきます。**2** はい、そうです。**3** はい、どうぞ。**4** 私は毎日それを飲みます。　女性の質問は、～ tea or coffee? となっていて、or を使って tea か coffee のどちらなのかをたずねている。そこで、どちらかを選んで答えればよい。

(11) 訳 **男の子**：エイミーはどこの出身なの？
女の子：ニューヨークの出身よ。

解説 **1** 7時からです。**2** ニューヨークの出身です。**3** いいえ、違います。**4** 彼女はすてきな女の子です。　Where is ○ from? は「○はどこの出身ですか？」とたずねる表現。Where are you from?「あなたはどこの出身ですか？」の形で出題されることもある。答えるときは、She's (He's) from ～. / I'm from ～. のように言う。

(12) 訳 **女性**：お花をどうもありがとう。きれいですね。
男性：どういたしまして。

解説 **1** それでおしまいです。**2** どういたしまして。**3** 私はここです。**4** あなたは日本の出身です。　花をもらった女性が相手の男性にお礼を言っている。お礼に対する表現を選ぶ。このときの代表的な表現、You're welcome.「どういたしまして」を覚えておこう。

(13) 訳 **母親**：マック、お昼には何がいい？
男の子：ハンバーガー！

解説 **1** あなたはどこに住んでいるのですか　**2** あなたの学校はどこですか　**3** 毎日昼食をとりますか　**4** お昼には何がほしいですか　男の子の答えが「ハンバーガー」なので、食べ物が答えになる質問を選ぶ。つまり、お昼に何を食べたいか、ということ。

(14) 訳 **男性**：パスポートをお願いします。
女性：はい、どうぞ。

解説 **1** それは私のです。**2** どちらの出身ですか？ **3** はい、どうぞ。**4** いいえ、違います。　空港などの出入国審査の場面での表現。男性は係官で、パスポートを渡すように言っている。それに応じて女性がパスポートを渡す際の表現。ものを渡すときは、Here you are. / Here it is. と言う。

会話文の文空所補充

次の（　　）に入れるのに最も適切なものを **1**、**2**、**3**、**4** の中から一つ選びなさい。

(1) **Mother**：（　　）George?
Boy：I'm studying science.

1 What do you want,　**2** What are you doing,
3 When is your birthday,　**4** How is your school,

(2) **Girl**：Mom, this is my friend Yumi.
Mother：（　　）Yumi.

1 Fine, thank you,　**2** Nice to meet you,
3 Yes, she is,　**4** Good idea,

(3) **Boy**：What sports do you like, Shizuka?
Girl：（　　）

1 Let's sing.　**2** Of course, I do.
3 I like skating.　**4** I can cook well.

(4) **Student**：（　　）
Teacher：It's Wednesday.

1 What time is it?　**2** What day is it today?
3 Is this your watch?　**4** How is your English class?

(1) 訳 **母親**：何をしているの、ジョージ？
男の子：理科の勉強をしているんだ。

解説 **1** 何がほしいのですか **2** 何をしているのですか **3** 誕生日はいつですか **4** 学校はどうですか 男の子の言葉 I'm ～ing. は「(今)～しているところ」という意味。そこで、母親の質問は何をしているかをたずねていると考えられる。**4** は学校生活の様子をたずねる表現。

(2) 訳 **女の子**：お母さん、友だちのユミよ。
母親：よろしくね、ユミさん。

解説 **1** 元気です、ありがとう **2** よろしく **3** はい、そうです **4** いい考えですね 女の子は母親に友だちのユミを紹介している。それを聞いて母親がユミに言っているせりふを選ぶ。**2** Nice to meet you.「会えてうれしい」が初対面の挨拶。**1** は体調や機嫌をたずねられたときの返答。

(3) 訳 **男の子**：シズカ、何のスポーツが好きですか？
女の子：スケートが好きです。

解説 **1** 歌いましょう。**2** もちろん、しますよ。**3** スケートが好きです。**4** 私、料理が上手です。 what は別の語と組み合わせて、いろいろな質問が作れる。**【例】** what color「何色」、what time「何時」。ここでは what sports で「何のスポーツ」という意味を表す。そこで、好きなスポーツを答えているものを選べばよい。

(4) 訳 **生徒**：今日は何曜日ですか？
先生：水曜日です。

解説 **1** 何時ですか？ **2** 今日は何曜日ですか？ **3** これはあなたの腕時計ですか？ **4** 英語の授業はどうですか？ 先生は「水曜日です」と、曜日を答えている。そこで、生徒は曜日をたずねていると考えられる。**2** の What day が「何曜日」とたずねる表現。**1** は時刻を、**3** は時計の持ち主を、**4** は英語の授業の様子をたずねる文。

(5) **Mother** : Can you wash the dishes, Patty?
Girl : ( )
1 Over there. **2** You, too.
3 All right. **4** Yes, please.

(6) **Girl 1** : Let's go shopping together next Sunday.
Girl 2 : ( )
1 It's a new shop. **2** It's today.
3 That's all. **4** Yes, let's.

(7) **Boy** : How old is your school?
Girl : ( )
1 Yes, it is. **2** It's blue.
3 Fifty years old. **4** It has a big library.

(8) **Teacher** : Hi, Brad. How are you?
Student : Fine, thank you. ( )
1 Can I? **2** Do I?
3 And me? **4** And you?

(9) **Man** : How much is this notebook?
Woman : ( )
1 200 yen. **2** Three notebooks.
3 It's in the desk. **4** Five years old.

(5) 訳 **母親：パティ、お皿を洗ってくれる？**
女の子：いいわよ。

解説 **1** あちらです。**2** あなたもです。**3** わかりました。**4** はい、お願いします。　母親の言葉 Can you ～？は「～してくれる？」と何かを軽く頼む表現。「いいですよ」と引き受けるときは OK. / All right. / Sure. などを使う。Yes, please. は何かの申し出を「はい、お願いします」と受ける表現。

(6) 訳 **女の子1：今度の日曜日に一緒に買い物に行こうよ。**
女の子2：うん、そうしよう。

解説 **1** それは新しい店です。**2** それは今日です。**3** それだけです。**4** ええ、そうしましょう。　最初の女の子の言葉 Let's ～. は「～しましょう」と相手を誘う表現。答え方は Yes, let's. のほかに、OK. / All right. / Sure. / Good idea. などもある。

(7) 訳 **男の子：君の学校は創立何年？**
女の子：50年よ。

解説 **1** はい、そうです。**2** 青です。**3** 50年です。**4** 大きな図書館があります。　how old ～？は「何歳？」と年齢をたずねるときに使われるが、このように建物や学校などが建造・創立何年になるかをたずねるときにも使える。**3** を完全な形で言うと、It's fifty years old. となる。

(8) 訳 **先生：こんにちは、ブラッド。元気ですか？**
生徒：元気です、ありがとうございます。先生は？

解説 **1** そうですか？**2** そうですか？**3** それで私は？**4** あなたは？
How are you? は「元気ですか？」と相手の調子をたずねる挨拶。答えるときは、Fine. / Good. などと応じる。さらに相手の調子を聞き返しているのが、And you? という表現。相手と同じく How are you? と聞き返してもよい。

(9) 訳 **男性：このノートはいくらですか？**
女性：200円です。

解説 **1** 200円です。**2** ノート3冊です。**3** 机の中です。**4** 5歳です。
How much ～？は「いくらですか？」と値段をたずねるときに使う表現。そこで、値段を答えているものを選べばよい。**1** が値段について言っている。**2** は数、**3** は場所、**4** は年齢についてそれぞれ言っている。

コラム

会話で使える！ 簡単フレーズ集

◆英語で会話をするときに便利な簡単フレーズを紹介します。「英検」によく出題されるフレーズもあります。

【うれしいとき】

●やったぞ！	I did it! / I made it!
●やった！　すばらしい！	Great! / All right!
●ついてる！	How lucky!

【驚いたとき】

●まさか！	No way!
●信じられない！	I can't believe it!

【感動したとき】

●かっこいい！	Cool!
●きれい！	Beautiful!
●すてき！	How nice!

【心配なとき】

●お気の毒に。	That's too bad.
●大丈夫？	Are you OK?
●大丈夫だよ。	It's OK.

【人を元気づけるとき】

●くよくよしないで。	Don't worry.
●あせらず気楽にいこう。	Take it easy.
●君ならできる！	You can do it!
●思い切ってやってごらんよ。	Go for it.
●しっかり。もうちょっとの辛抱だ。	Hang on.
●幸運を祈っているよ。	Good luck.

第3章

日本文付き短文の語句整序

5th Grade

日本文付き短文の語句整序

順番がばらばらの語を正しく並べかえて意味の通る英文を完成する、という問題です。5問出ます。
次の手順で解いていくとよいでしょう。

まず、パーツごとにまとめよう

ばらばらになっている語から、まず、意味のまとまりごとに小さなパーツを作ってみましょう。例えば次のようなパーツが考えられます。

【パーツの例】

●Wh-語のまとまり

what day「何曜日、何日」 what time「何時」
how many (apples)「いくつの（リンゴ）」

●疑問文のまとまり

do you (play)「（プレー）しますか」 does he (play)「（プレー）しますか」
can you (play)「（プレー）できますか」

●時のまとまり

in the morning / in the afternoon / in the evening「朝、午前中／午後／夕方に」
on Sunday「日曜日に」 before dinner / after dinner「夕食前／夕食後」
after school「放課後」 every day / every week / every year「毎日／毎週／毎年」

●場所のまとまり

in the park「公園で」 in my room「私の部屋で」
on / in / by / under the desk「机の上に／中に／そばに／下に」

Point 2 英語の語順に当てはめよう

パーツができたら、そのパーツを英語の語順に合わせて並べていきます。英語の語順には、おもに次の二つのパターンがあります。

❶「A＝B」型

A is / are B の形をとり、is / are が ＝（イコール）の働きをしています。

例1 The flowers are beautiful.
A（花は） ＝ B（美しい）

例2 The flowers are on the desk.
A（花は） ＝ B（机の上です）

❷「I love you」型

「誰が（何が）・どうする・何を・説明」の順に並べます。「説明」の部分には「誰と・どこ・いつ」などが入ります。

例1 I love you.
（誰が ＝ 私が）（どうする ＝ 愛する）（何を ＝ あなたを）

例2 My brother studies English every day.
（誰が ＝ 私の兄弟が）（どうする ＝ 勉強する）（何を ＝ 英語を）（いつ ＝ 毎日）

例題 私は毎週土曜日に公園でテニスをします。

（① tennis　② every　③ in the park　④ play）

I [1番目] [ ] [3番目] [ ] Saturday.

1 ③—④　**2** ④—③　**3** ①—②　**4** ②—①

正解 2

「I love you」型の文ができます。

I play tennis
（誰が ＝ 私が）（どうする ＝ プレーする）（何を ＝ テニスを）

in the park every Saturday.
（どこ ＝ 公園で）（いつ ＝ 毎週土曜日に）

第3章 日本文付き短文の語句整序

日本文付き短文の語句整序

次の日本文の意味を表すように①から④までを並べかえて □ の中に入れなさい。そして、1番目と3番目にくるものの最も適切な組み合わせを **1**、**2**、**3**、**4** の中から一つ選びなさい。ただし、(　　) の中では、文の初めにくる語も小文字になっています。

(1) ☐ 妹は居間でテレビを見ています。

(① watching　② my sister　③ TV　④ is)

[1番目] [ ] [3番目] [ ] in the living room.

1 ②―①　**2** ③―①　**3** ②―③　**4** ③―④

(2) ☐ 今度の土曜日に、新しい図書館に行きましょう。

(① to　② go　③ the　④ let's)

[1番目] [ ] [3番目] [ ] new library next Saturday.

1 ④―①　**2** ④―②　**3** ②―③　**4** ②―①

(3) ☐ あなたはねこを何匹飼っていますか？

(① cats　② many　③ how　④ do)

[1番目] [ ] [3番目] [ ] you have?

1 ②―③　**2** ③―②　**3** ③―①　**4** ④―①

(4) ☐ このバスは野球場に行きますか？

(① this bus　② does　③ to　④ go)

[1番目] [ ] [3番目] [ ] the baseball park?

1 ①―③　**2** ②―④　**3** ①―④　**4** ②―③

(1) 完成文 My sister is watching TV in the living room.

ANSWER 1

解説 「～している」という表現。「誰が・is/are・～ing」の順に並べる。「誰が（＝妹が）」は my sister。「～している（＝テレビを見ている）」は watching TV。この二つを is でつないで完成する。

(2) 完成文 Let's go to the new library next Saturday.

ANSWER 1

解説 「～しましょう」と誘うときは、Let's ～. と言う。「～」の部分には動詞の原形を入れる。ここでは「行きましょう」なので Let's go となる。後は「どこ」「いつ」の順に並べる。「どこ（＝新しい図書館へ）」は to the new library、「いつ（＝今度の土曜日に）」は next Saturday。

(3) 完成文 How many cats do you have?

ANSWER 3

解説 「いくつの～」と数を聞くときには、How many ～ から始める。「～」の部分には、聞きたい名詞の複数形を入れる。今回はねこの数を聞いているので How many cats から始める。主語は you なので質問の合図の do を続けて並べる。

(4) 完成文 Does this bus go to the baseball park?

ANSWER 2

解説 疑問文なので、質問の合図の does を最初に持ってくる。後は「何が・どうする・説明（どこ）」の順に並べていく。「何が（＝このバスが）」は this bus、「どうする（＝行く）」は go、「どこ（＝野球場へ）」は to the baseball park。

(5) 昼食(ちゅうしょく)には何(なに)がほしいですか？

(① you ② what ③ want ④ do)

[1番目] [ ] [3番目] [ ] for lunch?

1 ②—① 2 ①—② 3 ②—③ 4 ④—③

(6) 私(わたし)は夕食後(ゆうしょくご)にテレビを見(み)ます。

(① dinner ② after ③ TV ④ watch)

I [1番目] [ ] [3番目] [ ] .

1 ④—② 2 ③—① 3 ①—④ 4 ②—③

(7) メイソン、おふろの時間(じかん)ですよ。

(① your ② time ③ it's ④ for)

Mason, [1番目] [ ] [3番目] [ ] bath.

1 ③—① 2 ③—④ 3 ②—④ 4 ②—①

(8) このカメラを使(つか)うことができますか？

(① use ② this ③ you ④ can)

[1番目] [ ] [3番目] [ ] camera?

1 ④—① 2 ③—① 3 ②—④ 4 ④—②

(9) ケイトはピアノを持(も)っていません。

(① doesn't ② piano ③ have ④ a)

Kate [1番目] [ ] [3番目] [ ] .

1 ④—① 2 ②—③ 3 ①—④ 4 ①—②

(5) 完成文 What do you want for lunch? ANSWER 1

解説 まず「何」という質問の言葉 What をもってくる。次に質問の合図の do を置く。その後「誰が・どうする・説明」の順に並べる。「誰が」は you、「どうする（= ほしい)」は want、「説明（= 昼食に)」は for lunch である。

(6) 完成文 I watch TV after dinner. ANSWER 1

解説「誰が・どうする・何を・説明」の順に並べる。「誰が（= 私は)」は I、「どうする」は watch、「何を」は TV、「説明（= 夕食後)」は after dinner。

(7) 完成文 Mason, it's time for your bath. ANSWER 2

解説 It's time for ～は「～の時間だ」という意味。It's time for dinner.「夕食の時間だ」、It's time for school.「学校へ行く時間だ」などと使う。

(8) 完成文 Can you use this camera? ANSWER 1

解説 まず「あなたはこのカメラを使うことができます」という文を作る。「誰が」は you、「どうする」は can use、「何を」は this camera なので、順に並べると You can use this camera. となる。これを疑問文に直すには、can を文頭に出せばよい。

(9) 完成文 Kate doesn't have a piano. ANSWER 3

解説「ケイトはピアノを持っていません」は「誰が・どうする・何を」の順に並べる。「誰が」は Kate、「どうする（=持っていません)」は doesn't have、「何を」は a piano だから、これらをつなぐ。Kate doesn't have a piano. は、Kate has a piano. の否定文。

日本文付き短文の語句整序

次の日本文の意味を表すように①から④までを並べかえて □ の中に入れなさい。そして、1番目と3番目にくるものの最も適切な組み合わせを **1**、**2**、**3**、**4** の中から一つ選びなさい。ただし、（　）の中では、文の初めにくる語も小文字になっています。

(1) あのテニス選手はイギリス出身です。

(① player　② tennis　③ from　④ is)

That [1番目] [　] [3番目] [　] England.

1 ③—④　**2** ③—①　**3** ②—①　**4** ②—④

(2) 私の兄は毎朝4キロ走ります。

(① every　② four kilometers　③ my brother　④ runs)

[1番目] [　] [3番目] [　] morning.

1 ②—①　**2** ③—④　**3** ①—④　**4** ③—②

(3) グレー先生、3時に体育館に来てください。

(① come　② the gym　③ at　④ to)

Mr. Gray, please [1番目] [　] [3番目] [　] three o'clock.

1 ①—②　**2** ①—③　**3** ②—③　**4** ②—④

(4) 昼食を作っているのは誰ですか？

(① is　② who　③ lunch　④ cooking)

[1番目] [　] [3番目] [　] ?

1 ②—③　**2** ②—④　**3** ①—②　**4** ③—②

(1) 完成文 That tennis player is from England.

ANSWER 4

解説 「誰が・is/are・何だ」の順に並べる。「誰(= あのテニス選手)」は That tennis player、「何だ (= イギリス出身)」 from England。That tennis player は一人なので is だが、複数の場合は are になる。

(2) 完成文 My brother runs four kilometers every morning.

ANSWER 4

解説 「誰が・どうする・何を・説明」の順に並べる。「誰が (= 私の兄は)」は my brother、「どうする (= 走る)」は runs、「何を (= 4キロ)」は four kilometers、「説明 (= 毎朝)」は every morning となる。every は「あらゆる、すべての」という意味で、例えば every time だと「毎回」という意味になる。

ANSWER 1

(3) 完成文 Mr. Gray, please come to the gym at three o'clock.

解説 「～に来る」という熟語 come to ～ を用いて答える。「体育館に来る」は come to the gym。「～してください」と頼む表現は Please ～ で、「～」の部分に動詞の原形を入れる。「来てください」なので Please come となる。最後に時のまとまり「3時に」(at three o'clock) を入れて完成する。

(4) 完成文 Who is cooking lunch ?

ANSWER 2

解説 「昼食を作る」は cook lunch。「父が昼食を作っています」なら、My father is cooking lunch. となる。ここでは昼食を作っているのが誰かをたずねるので My father の代わりに Who 「誰が」を入れればよい。

おもしろ表現クイズ

◆簡単だけど、意味がわかるようでわからない。そんな表現を集めてみました。どんな意味なのか当ててみましょう。A～Cの中で正しい意味はどれかな？

❶ How come?

（how は「どのように」で、comeは「来る」だけど……。）

A どうして？　**B** どうやって来たの？　**C** 元気？

❷ Oh, boy!

（boy はもちろん「男の子」の意味だけど……。）

A かっこいい！　**B** あ～あ！　**C** 重～い！

❸ Piece of cake.

（piece とはケーキなどの一切れのこと。「一切れのケーキ」って？）

A 大好き！　**B** 考えがあまいよ。　**C** 簡単さ。

❹ Duck!

（duck はドナルドダックでおなじみ、アヒルのことだけど……。）

A うるさい！　**B** かがんで！　**C** だっこして！

【答】

❶ A（How come?　は理由をたずねる表現です）
❷ B（がっかりしたときに思わず発する言葉です。反対に、うれしいときに使うこともあります）
❸ C（苦労しなくても簡単にできるよ、という意味を表します）
❹ B（例えば野球のボールが飛んできたりして、このままでは誰かにぶつかってしまう。「あぶない！　頭を下げてかがんで」と相手に警告する表現です。誰かがあなたにこう叫んだら、急いでかがみましょう。危険が迫っているのですから）

第4章

リスニング問題

5th Grade

音声アイコンのある問題は、音声を聞いて答える問題です。
音声はスマートフォンやパソコンでお聞きいただけます。
詳細は6ページをご参照ください。

対策ポイント

リスニング問題

●第1部…会話の応答文選択（10問）

イラストを見ながら英文を聞いて、それに対する応答を選びます。

Point 1 出だしの3語に集中すること

問題のポイントの多くは最初の3語の中に出てきます。

例題 【放送文】

Do you brush your hair every day?

【放送される選択肢】

1 Yes, let's.　　**2** Yes, I do.

3 OK. Here you are.

正解 **2**

最初の3語は Do you brush、つまり「ブラシをかけますか？」ということです。Do you ～？とたずねられたときは、Yes, I do. や No, I don't. と答えるのが基本。2 の Yes, I do. が正解です。

●第2部…会話の内容一致選択（5問）

二人の対話を聞いて、それに続いて放送される質問に答えます。

Point 2 一人目のせりふで状況（話題）をつかみ、二人目のせりふでポイントをつかむ

多くの問題で、二人目のせりふの中に答えのポイントが出てきます。

例題 【放送文】

A：Do you read the newspaper in the morning, Philip?

B：No. I read the newspaper in the evening.

Question：When does Philip read the newspaper?

【選択肢】

1 Yes, he does. **2** No, he doesn't.

3 In the morning. **4** In the evening.

正解 **4**

A のせりふから、話題は「新聞を読むこと」だとわかります。質問はフィリップが新聞を読むのはいつか、です。ポイントは **B**（フィリップ）のせりふの中にあります。「朝読むのですか？」とたずねられて、No と答えた **B** は、「夕方に読む」と言っています。したがって正解は **4** となります。

●第3部…イラストの内容一致選択（10問）

三つの英文を聞いて、イラストの内容に合っている文を選びます。

Point 3 イラストを見て、問われる内容を予想しておく

❶「～している」という文（人物の動作）

人物が何かの動作をしていれば、「○をしている」という文が推測できます。「～ ing」を予想して待ちます。

❷「～にある」という文（位置、場所）

イラストに動きがないなら、何がどこにあるか（誰がどこにいるか）が問われると予想できます。「場所」を表す語句を想定して待ちましょう。

❸数に関する文（値段、長さ・重さ、時刻、日付）

カレンダーの絵なら、日付や曜日についての問題。時計の絵なら、時刻の問題。品物に値札がついていれば値段の問題、などと予想できます。その予想をもとに「数」や「月・曜日の名前」などに注意して聞きます。

会話の応答文選択

Point

●出だしの３語を特に集中して聞こう。

～ 出だしの３語にポイントがつまっている ～

問題

イラストを参考にしながら英文を聞き、その文に対する応答として最も適切なものを一つ選びなさい。

No.1 【選択肢】 1 2 3

No.2 【選択肢】 1 2 3

No.3 5

【選択肢(せんたくし)】 1 2 3

No.4 6

【選択肢(せんたくし)】 1 2 3

No.5 7

【選択肢(せんたくし)】 1 2 3

No.6 8

【選択肢(せんたくし)】 1 2 3

No.7 9

【選択肢】　1　2　3

No.8 10

【選択肢】　1　2　3

No.9 11

【選択肢】　1　2　3

No.10 12

【選択肢】　1　2　3

会話の応答文選択 解答・解説

No. 1 3

英文

Excuse me. Where is the hotel?

英文訳

すみません。ホテルはどこにありますか？

選択肢

1 It's March 10th.
2 It's near the station.
3 It's very cold today.

選択肢の訳

1 3月10日です。
2 駅の近くにあります。
3 今日はとても寒いです。

解説 Excuse me. は見知らぬ人に話しかけるときの言葉。出だしの3語を聞けば、どこかの場所をたずねているのでは、と推測できる。ここではホテル（the hotel）のある場所をたずねている。**1** は日付、**3** は天候の言い方。**2** が場所の表現になっているので正解。near は「～の近くに」という意味。

ANSWER **2**

No. 2 4

英文

Do you like chocolate ice cream, Charlie?

英文訳

チャーリー、チョコレートアイスクリームは好きですか？

選択肢

1 In the restaurant.
2 Every Sunday.
3 Yes, I love it.

選択肢の訳

1 レストランで。
2 毎週日曜日です。
3 はい、大好きです。

解説 出だしのDo you like の3語は、「～が好きですか？」という質問。そこで、Yes か No で、しかも好きかどうかを答えている選択肢を選ぶ。**1** は場所を答えているので合わない。**2** はいつのことかを話しているので、これも合わない。**3** だけが Yes で答えはじめ、しかも I love it.「それが大好きです」と言っている。

ANSWER **3**

No.3 5

英文	英文訳
Is this your umbrella?	これはあなたの傘ですか？

選択肢	選択肢の訳
1 Yes, I am.	**1** はい、そうです。
2 Yes, it is.	**2** はい、そうです。
3 It's rainy.	**3** 雨が降っています。

解説 出だしの Is this your の3語は、「これはあなたの～ですか？」という質問。Is this ～？に対する答え方の基本は、Yes, it is. または No, it isn't. である。このほかの答え方に、例えば Yes. I like it.「はい。お気に入りなんです」、Yes. Thank you.「はい。ありがとうございます」もある。なお **1** の Yes, I am. は、Are you ～？という質問に対しての答え方。

ANSWER **2**

No.4 6

英文	英文訳
Take a bath, Tom.	おふろに入りなさい、トム。

選択肢	選択肢の訳
1 Take a picture.	**1** 写真をとりなさい。
2 All right, Mom.	**2** わかったよ、お母さん。
3 Yes, I am.	**3** はい、そうです。

解説 動詞の原形 Take で始まっているので、これは命令文。命令を受けての答え方は、OK. / All right. などいろいろな表現があるが、**1** は同じ命令文で返しているので、会話が成り立たなくなりおかしい。また、**3** の Yes, I am. は Are you ～？とたずねられたときの答えなので誤り。

ANSWER **2**

No.5 7

英文

Can I see your ticket, please?

英文訳

あなたのチケットを見せてもらえませんか？

選択肢

1 Yes, I can.

2 How much is it?

3 Here you are.

選択肢の訳

1 はい、できます。

2 それはいくらですか？

3 はい、どうぞ。

解説 この場合の Can I ～？で始まる文の意味は、「(私は) ～することができますか？」よりも「(私は) ～してもいいですか？」と許可を求める文ととらえた方が自然。「(私は) あなたのチケットを見てもよいですか？」という意味から、「見せてもらえませんか？」となる。**1** は Can I ～？に対して I で答えるのは不適切なので誤り。**2** は会話が成り立たない。

ANSWER **3**

No.6 8

英文

Can you play the trumpet, Mary?

英文訳

君、トランペットが演奏できるの、メアリー？

選択肢

1 Yes, I can.

2 All right. Here you are.

3 Yes, it's new.

選択肢の訳

1 はい、できます。

2 いいですよ。はい、どうぞ。

3 はい、それは新しいです。

解説 Can you ～？で始まる文ということは、「～できますか？」のように能力をたずねる文か、「～してもらえますか？」のように何かを軽く頼む文が考えられる。実際に、この両方のタイプが出題されている。能力のときは、Yes, I can. や No, I can't. と答え、何かを頼んでいるときは Sure. / All right. / OK. と答えるのが基本。ここでは能力をたずねているので **1** が正解。

ANSWER **1**

No.7 9

英文	英文訳
What time is your piano lesson today?	今日のあなたのピアノレッスンは何時にありますか?

選択肢	選択肢の訳
1 In my room.	**1** 私の部屋の中です。
2 At five thirty.	**2** ５時半です。
3 Yes, I do.	**3** はい、そうです。

解説 What time is ～？は「～は何時ですか？」と時刻をたずねる表現。よって、具体的な時刻で答えるのが普通。**1** は時刻の質問に対して場所で答えているので誤り。**3** は会話が成り立たない。

ANSWER **2**

No.8 10

英文	英文訳
What are you doing, Sally?	サリー、何をしているの？

選択肢	選択肢の訳
1 I'm making a cake.	**1** ケーキを作っているの。
2 That's too bad.	**2** それはいけませんね。
3 Can I help you?	**3** お手伝いしましょうか？

解説 What are you ～ing? は「あなたは何を～しているところですか？」という質問。ここでは doing なので「あなたは何をしているの？」という意味。そこで、「私は～しています」という文を選ぶ。**1** が正解。**2** は何かよくないことを聞いたときの反応。**3** は手助けを申し出るときの表現。

ANSWER **1**

No.9 11

英文

How do you go to school, Jack?

英文訳

どうやって学校に行くの、ジャック？

選択肢

1 Yes, I can.
2 With my friend.
3 By bus.

選択肢の訳

1 はい、できます。
2 友だちと一緒です。
3 バスで行きます。

解説 「どのように〜？」「どうやって〜？」など、手段をたずねる表現では How を使う。この場合、学校まで行く手段をたずねているため、具体的な交通手段などを答えるのが普通。このほかにも、by car「車で」、by train「電車で」、on foot「徒歩で」などがある。

ANSWER 3

No.10 12

英文

Have a nice weekend, Cathy.

英文訳

キャシー、楽しい週末を。

選択肢

1 You're welcome.
2 You, too.
3 Here you are.

選択肢の訳

1 どういたしまして。
2 あなたも。
3 はい、どうぞ。

解説 軽い別れの挨拶。週末前に、授業や仕事を終えて帰るときの言葉。「楽しい週末を過ごしてくださいね」という意味。その日のことなら Have a nice day.「楽しい一日を」、長い休みの前なら Have a nice vacation.「楽しい休暇を」などと言う。答え方はどれも You, too.「あなたもね」と言えばよい。この言葉の前に、Thank you. / Thanks. などと言うこともある。

ANSWER 2

会話の応答文選択

問題

イラストを参考にしながら英文を聞き、その文に対する応答として最も適切なものを一つ選びなさい。

No.1 14

【選択肢】 1 2 3

No.2 15

【選択肢】 1 2 3

No.3 16

【選択肢】 1 2 3

No.4 17

【選択肢】 1 2 3

No.5 18

【選択肢】 1 2 3

No.6 19

【選択肢】 1 2 3

No.7 20

【選択肢】 1 2 3

No.8 21

【選択肢】 1 2 3

No.9 22

【選択肢】　1　2　3

No.10 23

【選択肢】　1　2　3

問題が流れる前に、
イラストを見て
どんな対話なのか
予想しておこう。

No. 1 14

英文

What do you have for breakfast?

英文訳

あなたは朝食に何を食べますか？

選択肢

1 At eight thirty.
2 Toast and bananas.
3 Every day.

選択肢の訳

1 8時半です。
2 トーストとバナナです。
3 毎日です。

解説 ここでの have は「食べる」という意味。have lunch「昼食をとる」have dinner「夕食をとる」などでも使われる。What で始まる疑問文なので具体的な答えを述べればよい。1 は時刻・時間をたずねられているわけではないので不可。

ANSWER 2

No. 2 15

英文

Does this bus go to the station?

英文訳

このバスは駅へ行きますか？

選択肢

1 Yes, I can.
2 No, it doesn't.
3 Here you are.

選択肢の訳

1 はい、できます。
2 いいえ、違います。
3 はい、どうぞ。

解説 Do ～？や Does ～？（Do の三人称単数形）でたずねる疑問文は Yes か No で答える。1 は Does ～？に対して can で答えているので誤り。3 Here you are. は「どうぞ」と相手の望みのものを差し出すときなどに使われる表現なので、会話が成り立たない。

ANSWER 2

No.3 16

英文	英文訳
What is in this bag?	このかばんの中には何が入っているの？

選択肢	選択肢の訳
1 Some books.	**1** 何冊かの本です。
2 Yes, it's a bag.	**2** はい、それはかばんです。
3 No. It's mine.	**3** いいえ。私のものです。

解説 What is～？(What's と略されることもある)の質問には、「～は何ですか？」(【例】What's this？「これは何ですか？」)と「何が～なのですか？」というもの(【例】What is on the desk？「何が机の上にありますか？」)がある。この問題では二つ目のタイプなので、何があるのかを具体的に答えればよい。

ANSWER 1

No.4 17

英文	英文訳
How many students are in your class?	あなたのクラスには何人の生徒がいますか？

選択肢	選択肢の訳
1 Yes, I do.	**1** はい、そうです。
2 Thirty.	**2** 30人です。
3 Three hundred yen.	**3** 300円です。

解説 How many～？は「いくつ？」と数をたずねる表現。ここでは How many students なので、生徒が何人いるかをたずねている。答えは、その数を言えばよい。**3** の How much～？は、「値段」などをたずねられたときの答え方。

ANSWER 2

No.5 18

英文

Which ice cream do you want, chocolate or strawberry?

英文訳

チョコかイチゴか、どっちのアイスクリームがほしい？

選択肢

1 In the kitchen.
2 Chocolate, please.
3 Yes, I do.

選択肢の訳

1 キッチンの中です。
2 チョコレートをください。
3 はい、します。

解説 Which ○ ～？は「どちらの○～？」という意味で、いくつかのうちから選んで答えさせる質問。ここでは Which ice cream なので「どちらのアイスクリームか」とたずねている。「A or B」で「Aか、それともBか」となる。どちらかを選んで答えればよい。なお、Which ○ is yours?「どの○があなたのですか？」という問題が出ることもある。こういった問題には The red one.「赤いのです」のように答える。

ANSWER 2

No.6 19

英文

When is your math test, Bob?

英文訳

あなたの数学のテストはいつなの、ボブ？

選択肢

1 Next Friday.
2 It's bad.
3 He likes math.

選択肢の訳

1 次の金曜日です。
2 それは悪い。
3 彼は数学が好きです。

解説 When is ～？は、「～はいつですか？」と、日時に関わることを問う。ここでは math test、つまり数学のテストの日時についてたずねている。よって、具体的な日時や、日時を表す表現で答えればよい。

ANSWER 1

No.7 20

英文

Whose cup is that?

英文訳

あれは誰のカップですか？

選択肢

1 Yes, it is.
2 30 dollars.
3 My brother's.

選択肢の訳

1 はい、そうです。
2 30ドルです。
3 私の兄のものです。

解説 Whose ～？は「～は誰のものですか？」と、所有者をたずねるときに使う表現。この場合は、cup「カップ」が誰のものであるかをたずねているので、人物を指す言葉や名前で答えるのが基本。この場合は **3** の My brother's.「私の兄のもの」が答えとして当てはまる。

ANSWER **3**

No.8 21

英文

Is this your dog? It's so cute.

英文訳

これはあなたの犬ですか？ とてもかわいいですね。

選択肢

1 It's on the table.
2 All right.
3 Thanks.

選択肢の訳

1 テーブルの上です。
2 わかりました。
3 ありがとう。

解説「これはあなたの犬ですか？」とたずねた後、It's so cute. と対象をほめている。このようにほめられたときは、Thank you. / Thanks. のようにお礼を言えばよい。その後に、必要に応じて Yes, it's mine.「はい、私の（犬）です」などと続ける。**2** は「わかった」と了解を表す表現なので、ここでは不自然な流れとなる。

ANSWER **3**

No.9 22

英文

Who is your science teacher?

英文訳

あなたの理科の先生は誰ですか？

選択肢

1 Yes, he is.

2 Mrs. Brown.

3 I'm an English teacher.

選択肢の訳

1 はい、彼です。

2 ブラウン先生です。

3 私は英語の先生です。

解説 Who ～？は「～は誰ですか？」と人物をたずねる表現。この場合は、具体的な名前を答えればよいので、**2** の Mrs. Brown.「ブラウン先生です」が正解となる。Who ～？に対して、**1** のように Yes. で答えるのは誤り。

ANSWER 2

No.10 23

英文

Look at that bike.

英文訳

あの自転車を見て。

選択肢

1 You're welcome.

2 Yes, that's right.

3 It's very nice.

選択肢の訳

1 どういたしまして。

2 はい、その通りです。

3 とてもすてきですね。

解説 動詞の原形 Look で始まっているので、これは命令文。しかし、「見なさい」と強要しているというより、見ることを勧めているニュアンスなので、It's very nice.「とてもすてきですね」と同意するように対象をほめる表現がここでは自然。**1** の You're welcome. は Thank you. に返す表現なので誤り。**2** は「はい、その通りです」という意味なのでこの状況に合わない。

ANSWER 3

会話の内容一致選択

Point

●二人目のせりふに注目！
～一人目のせりふで状況（話題）をつかみ、
二人目のせりふでポイントをつかもう～

対話を聞き、その質問に対して最も適切な答えを一つ選びなさい。

No.1 25

1 Yes, he is.
2 No, he isn't.
3 Doing his homework.
4 Reading a comic book.

No.2 26

1 On the table.
2 In Sam's room.
3 In Sam's bag.
4 Under the table.

No.3

27

1 Yes, he does.
2 He plays with his friends.
3 He goes to swimming school.
4 He goes to the library.

No.4

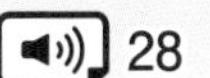

28

1 Jim is.
2 Jim's sister is.
3 Yes, he is.
4 No, she isn't.

No.5

29

1 Twenty dollars.
2 Twenty dollars and fifty cents.
3 Ten dollars and fifty cents.
4 Ten dollars and fifteen cents.

No.6

30

1 November 5th.
2 November 17th.
3 September 5th.
4 September 17th.

頻出度A 会話の内容一致選択 解答・解説

No. 1 25

英文

A: Are you doing your homework, Harry?

B: No. I'm reading a comic book.

Question: What is Harry doing?

英文訳

A: 宿題をしているの、ハリー？

B: いいえ。マンガの本を読んでいるんだ。

質問：ハリーは何をしていますか？

選択肢の訳

1 はい、そうです。

2 いいえ、違います。

3 宿題をしています。

4 マンガの本を読んでいます。

解説 最初のせりふで状況をつかむ。**A** がハリーに、宿題をしているのかをたずねている。do ○'s homework は「宿題をする」という表現。ポイントはハリーが実際に何をしているのかということ。**B**（ハリー）のせりふにその答えがある。ハリーは、質問を No. と否定し、続いて I'm reading a comic book. と言っていることから「宿題ではなく、マンガの本を読んでいる」とわかる。

ANSWER 4

No. 2 26

英文

A: Where's my lunch box, Mom? It's not in my room.

B: It's on the table, Sam.

Question: Where is Sam's lunch box?

英文訳

A: お母さん、ぼくの弁当箱はどこ？ぼくの部屋にないんだけど。

B: テーブルの上よ、サム。

質問：サムの弁当箱はどこにありますか？

選択肢の訳

1 テーブルの上。

2 サムの部屋。

3 サムのかばんの中。

4 テーブルの下。

解説 最初のせりふで状況をつかむ。サムが自分の弁当箱のある場所をたずねている。It's not in my room. から、サムの部屋にはないとわかる。ポイントは、サムの弁当箱のある場所。**B** のせりふに答えが出てくる。on the ～ は、「～の上」。サムの母は、It's on the table と言っている。つまり、サムの弁当箱はテーブルの上にあるとわかる。

ANSWER 1

No.3 27

英文

A: What do you do after school, Alex?

B: I go to swimming school with my friends.

Question: What does Alex do after school?

英文訳

A: 放課後に何をするの、アレックス？

B: 友だちとスイミングスクールに行くよ。

質問：アレックスは放課後に何をしますか？

選択肢の訳

1 はい、します。

2 友だちと遊びます。

3 スイミングスクールに行きます。

4 図書館に行きます。

解説 **A** のせりふから、アレックスが放課後に何をするのかが話題になっている。アレックスは I go to swimming school と答えているので、**3** が正解。**B**（アレックス）のせりふ with my friends に引っ張られて、**2** を選ばないよう注意。

ANSWER **3**

No4 28

英文

A: Are you a good basketball player, Jim?

B: No, but my sister is.

Question: Who is a good basketball player?

英文訳

A: あなたはバスケットボールが上手な選手ですか、ジム？

B: いいえ、でも、私の姉がそうです。

質問：バスケットボールが上手な選手は誰ですか？

選択肢の訳

1 ジム。

2 ジムの姉。

3 はい、彼はそうです。

4 いいえ、彼女は違います。

解説 ここではバスケットボールが上手にできる人は誰であるのかが話題の中心となっている。**A** の問いかけに対し、**B**（ジム）は No と否定した後、my sister is「私の姉です」と答えているため、バスケットボールが上手にできる人はジムの姉ということになる。

ANSWER **2**

No.5 29

英文

A: Excuse me. Is this clock twenty dollars?

B: No. It's ten dollars and fifty cents.

Question: How much is the clock?

英文訳

A: すみません。この時計は20ドルですか？

B: いいえ。10ドルと50セントです。

質問：時計はいくらですか？

選択肢の訳

1 20ドル。

2 20ドルと50セント。

3 10ドルと50セント。

4 10ドルと15セント。

解説 **A** のせりふから、時計の値段が話題になっているとわかる。こういう問題では、まぎらわしい数に注意する。**A**（客）が「20ドル（twenty dollars）ですか？」とたずねたのに対し、**B**（店員）は No. と否定したうえで「10ドルと50セント（ten dollars and fifty cents）」と答えている。**A**（客）のせりふに惑わされないように注意。

ANSWER 3

No.6 30

英文

A: My birthday is September fifth. When's yours, Sarah?

B: My birthday is November seventeenth.

Question: When is Sarah's birthday?

英文訳

A: 私の誕生日は9月5日です。あなたの誕生日はいつですか、サラ？

B: 私の誕生日は11月17日です。

質問：サラの誕生日はいつですか？

選択肢の訳

1 11月5日。

2 11月17日。

3 9月5日。

4 9月17日。

解説 **A** のせりふから、誕生日の話題であることがわかる。**A** が自分の誕生日の日付を述べた後、サラにたずねている。問題文には「サラの誕生日はいつですか？」とあるので、**B**（サラ）の返答に注意。ここで、**A** の述べた日付に惑わされないように気をつけること。

ANSWER 2

会話の内容一致選択

対話を聞き、その質問に対して最も適切な答えを一つ選びなさい。

No. 1 32

1 At 5:30.
2 At 6:00.
3 At 6:15.
4 At 6:50.

No. 2 33

1 She goes by train.
2 She goes by bus.
3 She goes by bike.
4 She walks.

No. 3 34

1 Yes, he is.
2 No, he isn't.
3 In his house.
4 In Molly's house.

No. 4 35

1 Yes, she can.
2 No, she can't.
3 It's a guitar.
4 It's a violin.

会話の内容一致選択 解答・解説

No. 1　32

英文

A：What time do you get up, Ted?

B：I usually get up at six fifteen.

Question：What time does Ted usually get up?

英文訳

A：テッド、あなたは何時に起きるの？

B：たいてい6時15分に起きるよ。

質問：テッドはふだん何時に起きますか？

選択肢の訳

1　5時30分です。
2　6時です。
3　6時15分です。
4　6時50分です。

解説 get up は「起きる」という意味の熟語。ここでは、テッドが朝、起きる時刻が話題になっている。値段などと同じく、こうした時刻の問題でも、まぎらわしい数に十分注意することが大切。テッドは six fifteen に起きると言っている。six は6、fifteen は 15 なので、「6時 15 分に起きる」という意味。fifteen「15」と fifty「50」がまぎらわしいので注意。

ANSWER 3

No. 2　33

英文

A：Do you go to the station by bike, Ellen?

B：No. I always take a bus.

Question：How does Ellen go to the station?

英文訳

A：駅には自転車で行くの、エレン？

B：いいえ。いつもバスに乗ります。

質問：エレンはどうやって駅に行きますか？

選択肢の訳

1　電車で行きます。
2　バスで行きます。
3　自転車で行きます。
4　歩きます。

解説 エレンが駅に行くまでの交通手段が話題になっている。**A** がエレンに「自転車で行くのか？」とたずねたのに対して、**B** のエレンは No. と答えたうえで、I always take a bus. と言っている。always は「いつでも」、take a bus は「バスを利用する」という意味なので、正解は **2**。How で始まる質問はこのように、手段や状態をたずねたりするときに使う。

ANSWER 2

No.3 34

英文

A: Hello. This is Molly. Is Sam at home?

B: Sorry, Molly. Sam's at school now.

Question: Is Sam at home?

英文訳

A：もしもし。モリーです。サムはいますか？

B：すまないね、モリー。サムは今、学校にいるよ。

質問：サムは家にいますか？

選択肢の訳

1 はい、います。 **2** いいえ、いません。

3 彼の家です。 **4** モリーの家です。

解説 電話での会話。モリーがサムの家にかけている。「サムは家にいますか」というモリーの問いかけに対して、サムの家の人は、Sam's at school now. と答えている。Sam's は、ここでは Sam is の短縮された形。サムは学校にいて、家にはいないとわかる。なお、Hello. は電話の表現で「もしもし」にあたる。また、電話で名乗るときは This is ○. と言う。

ANSWER **2**

No.4 35

英文

A: Can you play the guitar, Midori?

B: No, I can't. But I can play the violin.

Question: Can Midori play the violin?

英文訳

A：ミドリ、ギターを弾けるの？

B：いいえ。でもバイオリンなら弾けます。

質問：ミドリはバイオリンを弾けますか？

選択肢の訳

1 はい、弾けます。 **2** いいえ、弾けません。

3 それはギターです。 **4** それはバイオリンです。

解説 can は、動詞と組み合わせて「～することができる」という意味を表す。**A** の Can you play ～？は「～を弾けますか？」という質問。ミドリはその質問に対して No と答えている。続けて I can play the violin. と言っているので、ミドリはバイオリンを弾けるとわかる。質問は「バイオリンを弾けますか」なので、答えは **1** の Yes, she can. となる。

ANSWER **1**

イラストの内容一致選択

Point

●イラストを見て、ポイントになる部分を集中して聞こう。

～ 数、位置などには特に注意しよう ～

問題

イラストの内容を最も良く表しているものを、放送される三つの英文の中から一つずつ選びなさい。

No. 1　37

【選択肢】　1　2　3

No. 2　38

【選択肢】　1　2　3

No.3 39

【選択肢(せんたくし)】 1 2 3

No.4 40

【選択肢(せんたくし)】 1 2 3

No.5 41

【選択肢(せんたくし)】 1 2 3

No.6 42

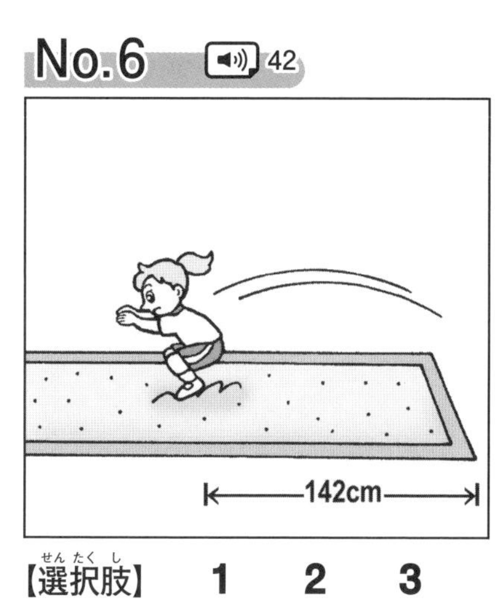

【選択肢(せんたくし)】 1 2 3

No.7 43

【選択肢】 1 2 3

No.8 44

【選択肢】 1 2 3

No.9 45

【選択肢】 1 2 3

No.10 46

【選択肢】 1 2 3

イラストの内容一致選択 解答・解説

No.1 37

英文

1 Nancy is sending an e-mail to her friend.
2 Nancy is looking for her computer.
3 Nancy is going to her friend's house.

英文訳

1 ナンシーは友だちにEメールを送っているところです。
2 ナンシーは彼女のコンピューターを探しています。
3 ナンシーは友だちの家に行くところです。

解説 イラストの人物が何をしているのかが問題になっている。「○ is/are ～ ing」の部分がポイントになるので、ここに特に注意して聞くこと。イラストを見ると、女の子はコンピューターに向かっている。そこで **2** と **3** の選択肢は消え、**1** が正解となる。look for ～「～を探す」

ANSWER 1

No.2 38

英文

1 David is eating cakes.
2 David is making cakes.
3 David is looking at cakes.

英文訳

1 デヴィッドはケーキを食べているところです。
2 デヴィッドはケーキを作っているところです。
3 デヴィッドはケーキを見ているところです。

解説 イラストの人物が何をしているのかがポイント。「○ is/are ～ ing」の形になっている。イラストの男性はケーキを見ているだけなので、looking at cakes が正解。eat ～ は「～を食べる」、make ～ は「～を作る」という意味。

ANSWER 3

No.3 39

英文

1 The cat is on the desk.

2 The cat is by the desk.

3 The cat is under the desk.

英文訳

1 そのねこは机の上にいます。

2 そのねこは机のそばにいます。

3 そのねこは机の下にいます。

解説 位置を表す表現についての問題。動作の問題同様、よく出るのでしっかり練習しておく。ポイントは位置関係を表す前置詞。on ～「～の上に」、by ～「～のそばに」、under ～「～の下に」、in ～「～の中に」がその代表例。イラストのねこの位置は「机の下」なので、under the desk と言っている **3** が正解。

ANSWER 3

No.4 40

英文

1 The oranges are on the box.

2 The oranges are by the box.

3 The oranges are in the box.

英文訳

1 オレンジは箱の上にあります。

2 オレンジは箱のそばにあります。

3 オレンジは箱の中にあります。

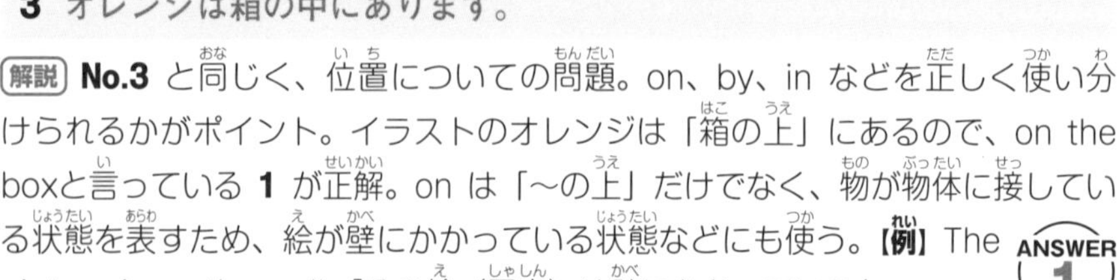

解説 **No.3** と同じく、位置についての問題。on、by、in などを正しく使い分けられるかがポイント。イラストのオレンジは「箱の上」にあるので、on the boxと言っている **1** が正解。on は「～の上」だけでなく、物が物体に接している状態を表すため、絵が壁にかかっている状態などにも使う。**【例】** The picture is on the wall.「その絵（写真）は壁にかかっている」

ANSWER 1

No.5 41

英文

1 This bag is 25 dollars.

2 This bag is 52 dollars.

3 This bag is 22 dollars.

英文訳

1 このかばんは 25 ドルです。

2 このかばんは 52 ドルです。

3 このかばんは 22 ドルです。

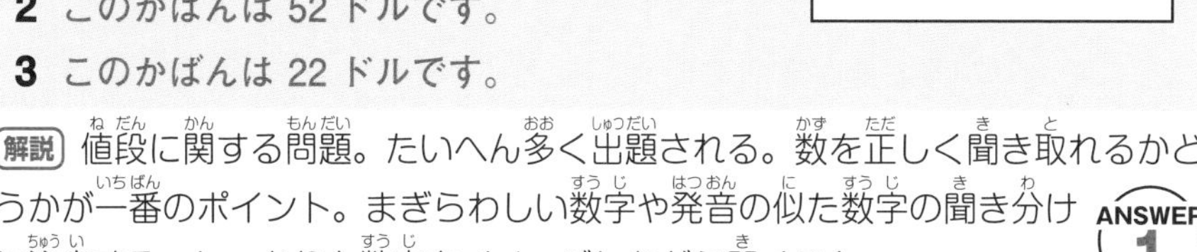

解説 値段に関する問題。たいへん多く出題される。数を正しく聞き取れるかどうかが一番のポイント。まぎらわしい数字や発音の似た数字の聞き分けに注意する。しっかりと数字をイメージしながら聞くこと。

ANSWER 1

No.6 42

英文

1 Judy can jump 124 centimeters.

2 Judy can jump 421 centimeters.

3 Judy can jump 142 centimeters.

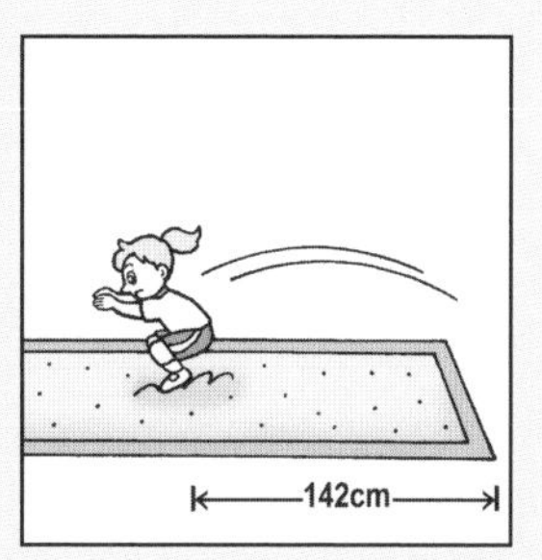

英文訳

1 ジュディは 124cm 跳ぶことができます。

2 ジュディは 421cm 跳ぶことができます。

3 ジュディは 142cm 跳ぶことができます。

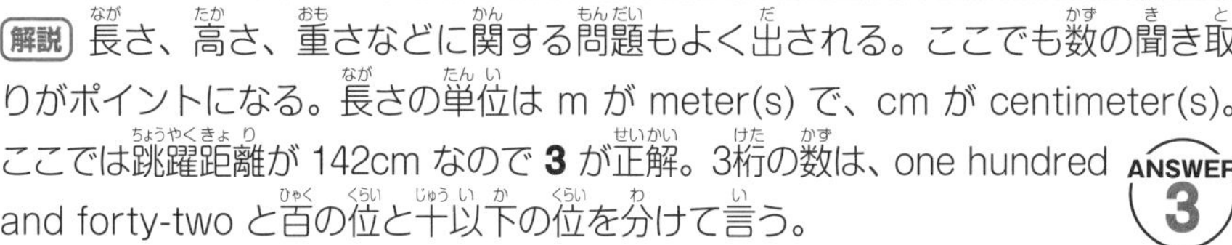

解説 長さ、高さ、重さなどに関する問題もよく出される。ここでも数の聞き取りがポイントになる。長さの単位は m が meter(s) で、cm が centimeter(s)。ここでは跳躍距離が 142cm なので **3** が正解。3桁の数は、one hundred and forty-two と百の位と十以下の位を分けて言う。

ANSWER 3

No.7 43

英文

1 Mary's birthday is December 9th.

2 Mary's birthday is September 12th.

3 Mary's birthday is September 20th.

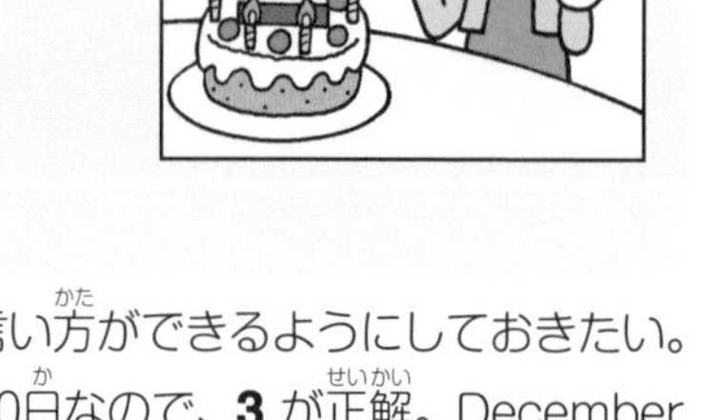

英文訳

1 メアリーの誕生日は12月９日です。

2 メアリーの誕生日は９月12日です。

3 メアリーの誕生日は９月20日です。

解説 日付に関する問題。月と日にちの両方の言い方ができるようにしておきたい。イラストのカレンダーを見ると、この日は9月20日なので、**3** が正解。Decemberは「12月」。**2** のtwelfthと **3** のtwentiethを混同しないよう注意。

ANSWER **3**

No.8 44

英文

1 Henry goes fishing on Tuesdays.

2 Henry goes fishing on Wednesdays.

3 Henry goes fishing every weekend.

英文訳

1 ヘンリーは火曜日につりに行きます。

2 ヘンリーは水曜日につりに行きます。

3 ヘンリーは毎週末つりに行きます。

解説 曜日に関する問題。曜日の名は日曜日から順に Sunday、Monday、Tuesday、Wednesday、Thursday、Friday、Saturday。自信を持って言えるようにする。イラストのカレンダーから、この日は火曜日だとわかるので、正解は **1**。

ANSWER **1**

No.9 45

英文

1 Jean gets up at 7:15 every morning.

2 Jean gets up at 7:50 every morning.

3 Jean gets up at 7:55 every morning.

英文訳

1 ジーンは毎朝７時15分に起きます。

2 ジーンは毎朝７時50分に起きます。

3 ジーンは毎朝７時55分に起きます。

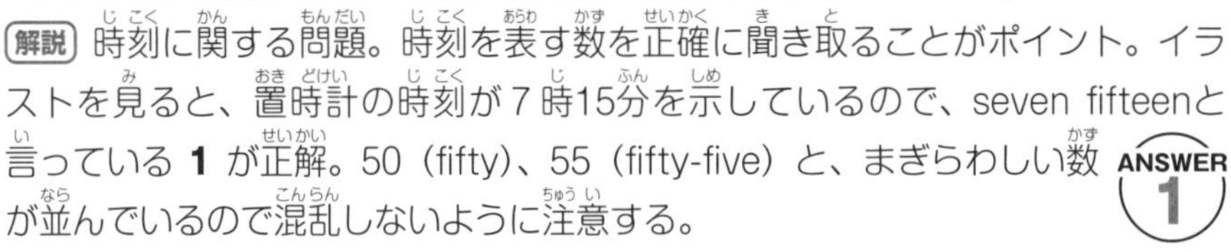

解説 時刻に関する問題。時刻を表す数を正確に聞き取ることがポイント。イラストを見ると、置時計の時刻が７時15分を示しているので、seven fifteenと言っている **1** が正解。50（fifty）、55（fifty-five）と、まぎらわしい数が並んでいるので混乱しないように注意する。

ANSWER 1

No.10 46

英文

1 Betty's father is a cook.

2 Betty's father is a bus driver.

3 Betty's father is a doctor.

英文訳

1 ベティーの父は料理人です。

2 ベティーの父はバス運転手です。

3 ベティーの父は医者です。

解説 職業に関する問題。基本的な職業の名前は英語でわかるようにしておく。teacher「教師」、dancer「ダンサー」、nurse「看護師」、singer「歌手」なども出題されるので覚えておきたい。ここでは、イラストの人物の様子からバス運転手とわかるので、bus driver が正解。

ANSWER 2

イラストの内容一致選択

問題

イラストの内容を最も良く表しているものを、放送される三つの英文の中から一つずつ選びなさい。

No.1 48

【選択肢】 1 2 3

No.2 49

【選択肢】 1 2 3

No.3 50

【選択肢】 1 2 3

No.4 51

【選択肢】 1 2 3

No.5 52

【選択肢】 1 2 3

No.6 53

【選択肢】 1 2 3

No.7 54

【選択肢】 1 2 3

No.8 55

【選択肢】 1 2 3

No.9 56

【選択肢(せんたくし)】 1 2 3

No.10 57

【選択肢(せんたくし)】 1 2 3

イラストをきちんと見(み)れば、
問題(もんだい)のポイントがつかめるはず。
動作(どうさ)、位置(いち)、数(かず)、職業(しょくぎょう)など
ポイントに注意(ちゅうい)して聞(き)き取(と)ろう。

料金受取人払郵便

豊島局承認

2772

差出有効期間
2024年9月30日まで
（切手不要）

郵便はがき

170-8789

104

東京都豊島区東池袋3-1-1
サンシャイン60内郵便局
私書箱1116号

株式会社 高橋書店
書籍編集部 ⑲ 行

※ご記入いただいた個人情報は適正に管理いたします。取扱いについての詳細は弊社のプライバシーステイトメント（https://www.takahashishoten.co.jp/privacy/）をご覧ください。ご回答いただきましたアンケート結果については、今後の出版物の企画等の参考にさせていただきます。なお、以下の項目は任意でご記入ください。

お名前	年齢： 歳 性別： 男 ・ 女
ご住所 〒 －	
電話番号 － －	Eメールアドレス
ご職業 ①学生 ②会社員 ③公務員 ④教育関係 ⑤専門職 ⑥自営業 ⑦主婦・主夫 ⑧無職 ⑨その他（ ）	

裏面のご感想やご意見を匿名で、本の紹介や広告等に使用してもよろしいですか？ □はい □いいえ
今後の企画検討時に、アンケート等でご協力いただけますか？ □はい □いいえ

弊社発刊の書籍をお買い上げいただき誠にありがとうございます。皆様のご意見を参考に、よりよい企画を検討してまいりますので、下記にご記入のうえ、お送りくださいますようお願い申し上げます。

ご購入書籍 **英検®頻出度別問題集** 音声DL版　準1級・2級・準2級・3級・4級・5級

購入いただいた級を◯で囲んでください

A　英検®を受けようと思ったきっかけは何ですか？（複数回答可）

□学校ですすめられて　□進学（受験）に有利と聞いて　□友達や知人が受けたと聞いて
□キャリアアップのため　□教養を身につけたくて　□その他

B　英検®/英語学習で苦手な分野は何ですか？（複数回答可）

□リスニング　□スピーキング　□リーディング　□ライティング　□その他（　　　　　　　　）

C　本書を知ったきっかけは何ですか？（複数回答可）

□書店やネット書店でたまたま見つけた　□SNSやネットなどの口コミで
□知り合いの口コミで　□その他

D　本書のご購入の決め手は何ですか？（複数回答可）

□頻出度別で対策できるから　□紙面デザイン　□カバーデザイン　□値段
□その他（　　　　　　　　）

E　本書の以下の点について、ご感想をお聞かせください（数字を◯で囲んでください）

問題数	1　多い（やりきれない）	2　ちょうど良い	3　少なすぎる
価格	1　高すぎる	2　満足	3　安い
カバーデザイン	1　よい	2　普通	3　わるい

F　本書の他に購入したテキスト（問題集）がある方は、その書名をご記入下さい

G　本書の良かった点と悪かった点を教えて下さい

こちらに記入いただいた内容は、POP、弊社HP、ネット書店等にて匿名で紹介させていただく場合があります。

ご協力ありがとうございま

頻出度B イラストの内容一致選択 解答・解説

No. 1 48

英文

1 The girl is watching a movie.

2 The girl is listening to music.

3 The girl is singing a song.

英文訳

1 女の子は映画を見ています。

2 女の子は音楽を聴いています。

3 女の子は歌を歌っています。

解説 イラストの人物の動作についての問題。「○ is / are ～ing」の形の文が流れるので、「～ing」の部分に注意して聞く。ここでは音楽を「聴いている」ので、listening を用いた **2** が正解。**1** の watching a movie は「映画を見ている」、**3** の singing a song は「歌を歌っている」という意味。

ANSWER **2**

No. 2 49

英文

1 Jack is talking with friends.

2 Jack is playing tennis.

3 Jack is writing a letter.

英文訳

1 ジャックは友だちと話しています。

2 ジャックはテニスをしています。

3 ジャックは手紙を書いています。

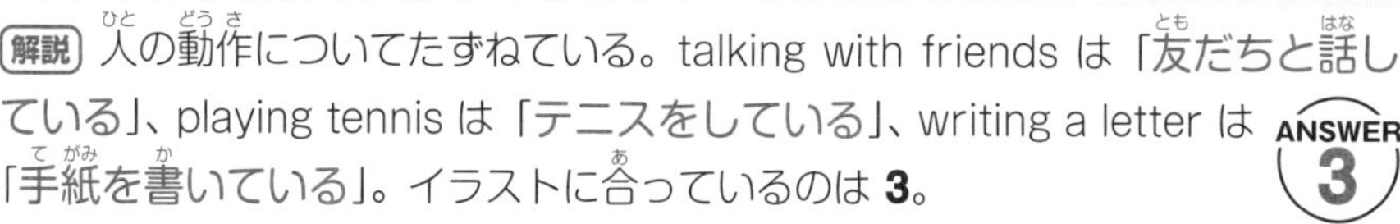

解説 人の動作についてたずねている。talking with friends は「友だちと話している」、playing tennis は「テニスをしている」、writing a letter は「手紙を書いている」。イラストに合っているのは **3**。

ANSWER **3**

No.3 50

英文

1 Yumi can play the piano very well.

2 Yumi can speak English very well.

3 Yumi can play the guitar very well.

英文訳

1 ユミはとても上手にピアノを弾くことができます。

2 ユミはとても上手に英語を話すことができます。

3 ユミはとても上手にギターを弾くことができます。

解説 イラストの人物ができることについての問題。「○ can ～」の形の文が流れるので、can のすぐ後の語を注意して聞く。play the piano は「ピアノを演奏する」、speak English は「英語を話す」、play the guitar は「ギターを演奏する」。イラストと合っているのは **1**。

ANSWER 1

No.4 51

英文

1 Fred is in the bedroom.

2 Fred is in the bathroom.

3 Fred is in the living room.

英文訳

1 フレッドは寝室にいます。

2 フレッドは浴室にいます。

3 フレッドは居間にいます。

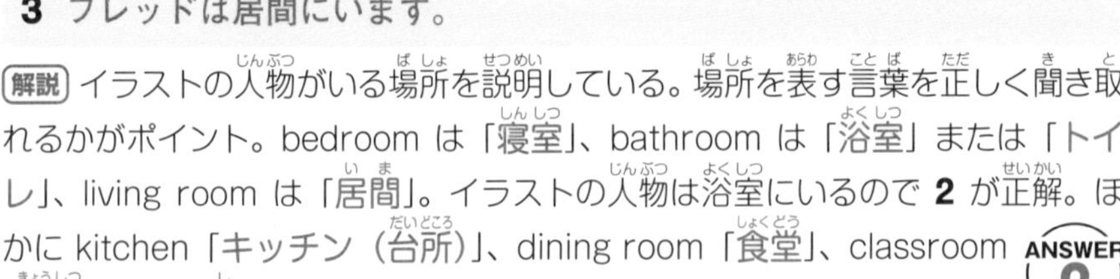

解説 イラストの人物がいる場所を説明している。場所を表す言葉を正しく聞き取れるかがポイント。bedroom は「寝室」、bathroom は「浴室」または「トイレ」、living room は「居間」。イラストの人物は浴室にいるので **2** が正解。ほかに kitchen「キッチン（台所）」、dining room「食堂」、classroom「教室」なども知っておきたい。

ANSWER 2

No.5 52

英文

1 Katie is in the classroom.

2 Katie is in the hospital.

3 Katie is at the bus stop.

英文訳

1 ケイティーは教室にいます。

2 ケイティーは病院にいます。

3 ケイティーはバス停にいます。

解説 人のいる場所についての問題。in～ や at～ はどの地点にいるかを表す。多くの場合、at より in の方が指す場所が広い。classroom は「教室」、hospitalは「病院」、bus stop は「バス停」。場所についての単語 restaurant「レストラン」、library「図書館」、bank「銀行」なども覚えておく。

ANSWER 1

No.6 53

英文

1 It's snowy today.

2 It's cloudy today.

3 It's sunny today.

英文訳

1 今日は雪です。

2 今日はくもりです。

3 今日は晴れです。

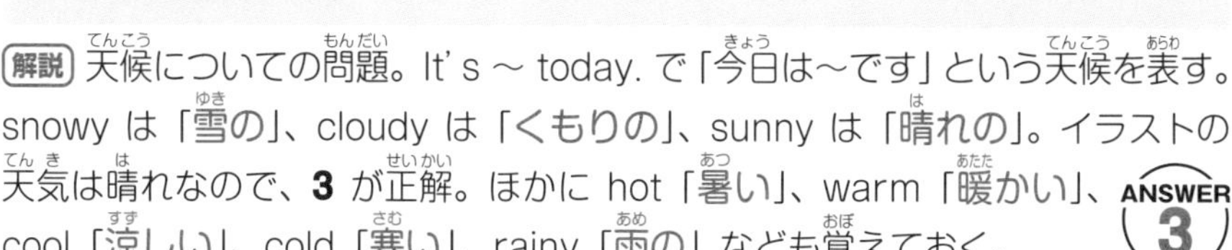

解説 天候についての問題。It's ～ today. で「今日は～です」という天候を表す。snowy は「雪の」、cloudy は「くもりの」、sunny は「晴れの」。イラストの天気は晴れなので、**3** が正解。ほかに hot「暑い」、warm「暖かい」、cool「涼しい」、cold「寒い」、rainy「雨の」なども覚えておく。

ANSWER 3

No.7 54

英文

1 Mr. Green goes to work by car.

2 Mr. Green goes to work by bike.

3 Mr. Green goes to work by train.

英文訳

1 グリーンさんは車で仕事に行きます。

2 グリーンさんは自転車で仕事に行きます。

3 グリーンさんは電車で仕事に行きます。

解説 交通手段についての問題。by の後の語を注意して聞き取る。by car は「車で」、by bike は「自転車で」、by train は「電車で」。ほかに by bus「バスで」、by taxi「タクシーで」などもある。イラストの男性は車で通勤しているので、by car を用いた **1** が正解。

ANSWER **1**

No.8 55

英文

1 Mike wants a new watch.

2 Mike wants a new camera.

3 Mike wants a new TV.

英文訳

1 マイクは新しい腕時計がほしい。

2 マイクは新しいカメラがほしい。

3 マイクは新しいテレビがほしい。

解説 イラストの人物がほしいものについての問題。「○ wants ～」という文が流れるので、wants の後の語を注意して聞き取る。watch は「腕時計」、camera は「カメラ」、TVは「テレビ」。イラストの男の子はカメラをほしがっているので、**2** が正解。

ANSWER **2**

No.9 56

英文

1 Emily likes strawberries.

2 Emily likes apples.

3 Emily likes bananas.

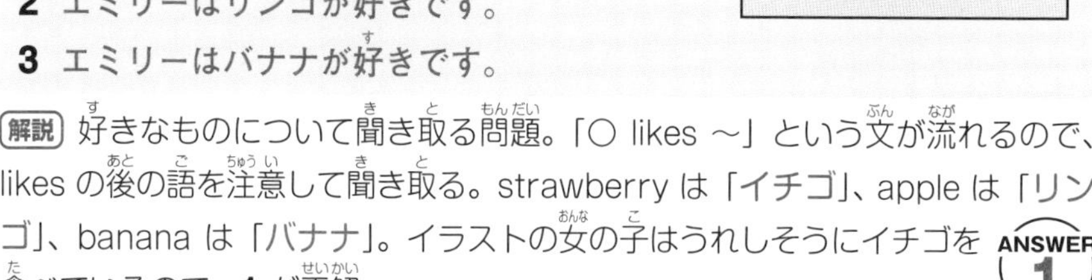

英文訳

1 エミリーはイチゴが好きです。

2 エミリーはリンゴが好きです。

3 エミリーはバナナが好きです。

解説 好きなものについて聞き取る問題。「○ likes ～」という文が流れるので、likes の後の語を注意して聞き取る。strawberry は「イチゴ」、apple は「リンゴ」、banana は「バナナ」。イラストの女の子はうれしそうにイチゴを食べているので、**1** が正解。

ANSWER **1**

No.10 57

英文

1 Bill is putting a clock on the wall.

2 Bill is opening the window.

3 Bill is washing his hands.

英文訳

1 ビルは壁に時計をかけているところです。

2 ビルは窓を開けているところです。

3 ビルは手を洗っているところです。

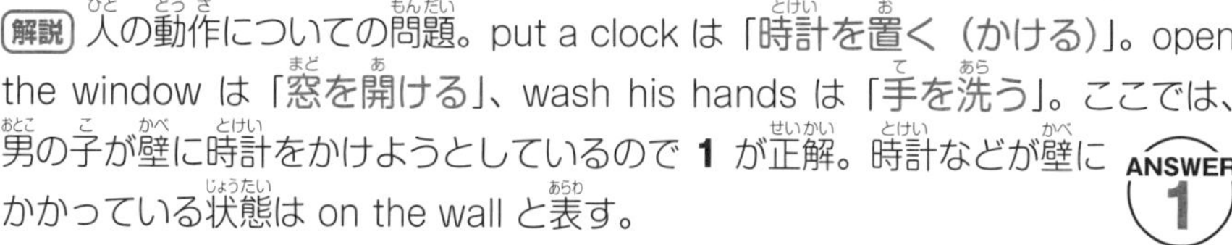

解説 人の動作についての問題。put a clock は「時計を置く（かける）」。open the window は「窓を開ける」、wash his hands は「手を洗う」。ここでは、男の子が壁に時計をかけようとしているので **1** が正解。時計などが壁にかかっている状態は on the wall と表す。

ANSWER **1**

リスニングに強くなろう

◆リスニングの問題に強くなるには、日ごろから英語を聞き取る練習をしておくと効果的です。では、どんな練習をすればよいのでしょう。いくつかの方法を紹介します。

❶「文字なしで聞く」経験を積もう

先生が教科書の英文の音声を聞かせるとき、教科書を見ずに聞いてみるのです。教科書を見ながら聞くのと、見ないで聞くのとでは、ずいぶん感じが違うとわかるはずです。

最初は、文字がないとなんとなく心細いかもしれません。でも大丈夫。何回も練習しているうちに慣れてきます。こうなれば、「英検」などのリスニング問題にも自信を持ってチャレンジできるはずです。

❷ラジオ番組を活用しよう

ラジオやテレビの英語番組で教科書以外の英文を聞いてみるのも効果的です。「英検」5級から3級くらいまでのレベルの英語を聞くのにおすすめの番組は、NHKラジオの「基礎英語」です。レベルに合った英語を、英語を母語とする人の自然な発音で聞けます。

番組の内容を解説したテキストも手ごろな値段で手に入ります。さらに、番組の放送時間にはなかなか聞けない人のために、スマートフォンやタブレット用の無料アプリもあります。

❸映画やドラマで英語の音に慣れよう

映画の英語を聞いて理解するには、かなりの英語力が必要です。それでもこうした英語にふだんから接していると、英語のリズムや発音に慣れることができます。

ときには自分の知っている表現が出てきたりして、うれしくなります。しかも聞き続けていると、わかる表現が次第に増えていき、自分の英語力の伸びも実感できます。ストーリーを楽しみながら、英語に親しんでください。

第5章

模擬(もぎ)テスト
スピーキングテスト

5th Grade

音声(おんせい)アイコンのある問題(もんだい)は、音声(おんせい)を聞(き)いて答(こた)える問題(もんだい)です。
音声(おんせい)はスマートフォンやパソコンでお聞(き)きいただけます。
詳細(しょうさい)は6ページをご参照(さんしょう)ください。

模擬テスト

● 解答・解説と放送文 → P.127 ～ 131

筆記問題

解答時間 25 分

1 次の (1) から (15) までの (　　) に入れるのに最も適切なものを **1**、**2**、**3**、**4** の中から一つ選びなさい。

(1) (　　) is the eighth month of the year.
1 August　**2** September　**3** October　**4** November

(2) **A**：Can I (　　) your racket?
B：Sure.
1 open　**2** think　**3** use　**4** walk

(3) Mr. Davis has four children. He has two sons and two (　　).
1 brothers　**2** sisters　**3** uncles　**4** daughters

(4) Mr. Sato (　　) English, Japanese and Chinese.
1 speaks　**2** sleeps　**3** stands　**4** stays

(5) **A**：Do we have a test today?
B：Yes. But don't worry. This test is very (　　).
1 large　**2** sorry　**3** favorite　**4** easy

(6) Our school has (　　) books in the library.
1 much　**2** many　**3** each　**4** every

(7) It is Sunday today. Frank is ( ) home.

1 to **2** with **3** at **4** in

(8) I have a sister. ( ) goes to high school.

1 They **2** His **3** Her **4** She

(9) **A**：Is this Mike's bat?

B：No. It's ( ).

1 mine **2** my **3** me **4** I

(10) The students are ( ) books in the library.

1 going **2** reading **3** drinking **4** thinking

(11) **A**：( ) your brother like sports?

B：Yes. He plays soccer.

1 Are **2** Do **3** Does **4** What

(12) **A**：Are you from Japan?

B：Yes, I ( ).

1 do **2** am **3** are **4** can

(13) Look ( ) the stars. They are beautiful.

1 at **2** from **3** to **4** by

(14) My grandfather takes a walk early ( ) the morning.

1 on **2** at **3** in **4** from

(15) **A**：What day of the ( ) is it today?

B：It's Sunday.

1 season **2** year **3** month **4** week

2 次の（16）から（20）までの会話について（　　）に入れるのに最も適切なものを **1**、**2**、**3**、**4** の中から一つ選びなさい。

(16) **Girl**：My father is a taxi driver. What does your father do?
Boy：(　　)
1 He is tall.　**2** He likes baseball.
3 He is a teacher.　**4** He goes by car.

(17) **Girl 1**：When do you usually take a bath?
Girl 2：(　　)
1 After dinner.　**2** At school.
3 Yes, I do.　**4** By bus.

(18) **Girl**：Where do you write your letters?
Boy：(　　)
1 In the evening.　**2** I use this pen.
3 I like science.　**4** In the library.

(19) **Teacher**：You speak English very well, Mai.
Student：(　　) Mr. Young.
1 Thank you,　**2** Me, too,
3 That's all,　**4** Nice to meet you,

(20) **Teacher**：Don't drink juice in the library, Simon.
Student：(　　)
1 Not at all.　**2** You're welcome.
3 I'm sorry.　**4** I'm here.

3 次の（21）から（25）までの日本文の意味を表すように①から④までを並べかえなさい。そして、1番目と3番目にくるものの最も適切な組み合わせを **1**、**2**、**3**、**4** の中から一つ選びなさい。ただし、（　）の中では、文のはじめにくる語も小文字になっています。

(21) あなたはいつ歯を磨きますか？

(① brush　② do　③ when　④ you)

[1番目] [　] [3番目] [　] your teeth?

1 ③—④　**2** ②—①　**3** ③—②　**4** ①—③

(22) あなたの歴史の先生は誰ですか？

(① history　② who　③ your　④ is)

[1番目] [　] [3番目] [　] teacher?

1 ①—②　**2** ②—③　**3** ④—③　**4** ①—④

(23) 私の弟は今、朝食を食べています。

(① is　② breakfast　③ my brother　④ eating)

[1番目] [　] [3番目] [　] now.

1 ②—①　**2** ④—③　**3** ③—④　**4** ②—③

(24) アルバートはバスで学校に行きます。

(① school　② to　③ by　④ goes)

Albert [1番目] [　] [3番目] [　] bus.

1 ④—①　**2** ③—②　**3** ④—③　**4** ②—①

(25) フレッド、昼食の時間ですよ。

(① for　② it's　③ lunch　④ time)

[1番目] [　] [3番目] [　], Fred.

1 ③—④　**2** ②—①　**3** ①—②　**4** ④—③

リスニング問題

解答時間22分

58

このテストは第1部から第3部まであります。
英文はそれぞれ二度放送されます。

59

第1部 イラストを参考にしながら英文を聞き、その文に対する応答として最も適切なものを一つ選びなさい。

No.1 60

【選択肢】 1 2 3

No.2 61

【選択肢】 1 2 3

No.3 62

【選択肢】 1 2 3

No.4 63

【選択肢】 1 2 3

No.5 64

【選択肢（せんたくし）】　1　2　3

No.7 66

【選択肢（せんたくし）】　1　2　3

No.9 68

【選択肢（せんたくし）】　1　2　3

No.6 65

【選択肢（せんたくし）】　1　2　3

No.68 67

【選択肢（せんたくし）】　1　2　3

No.10 69

【選択肢（せんたくし）】　1　2　3

70

第2部 対話を聞き、その質問に対して最も適切な答えを一つ選びなさい。

No. 11 71

1 Sandwiches.
2 Spaghetti.
3 Yes, she does.
4 On Wednesday.

No. 12 72

1 Yes, he does.
2 No, he doesn't.
3 Michael does.
4 Michael's brother does.

No. 13 73

1 She is studying now.
2 On Sundays.
3 To the library.
4 At school.

No. 14 74

1 Before dinner.
2 Every day.
3 After dinner.
4 Yes, he does.

No. 15 75

1 Yes, she does.
2 No, she doesn't.
3 She likes online game.
4 She plays card game.

76

第3部 イラストの内容を最もよく表しているものを、放送される三つの英文の中から一つずつ選びなさい。

No. 16 77

【選択肢】 1 2 3

No. 17 78

【選択肢】 1 2 3

No. 18 79

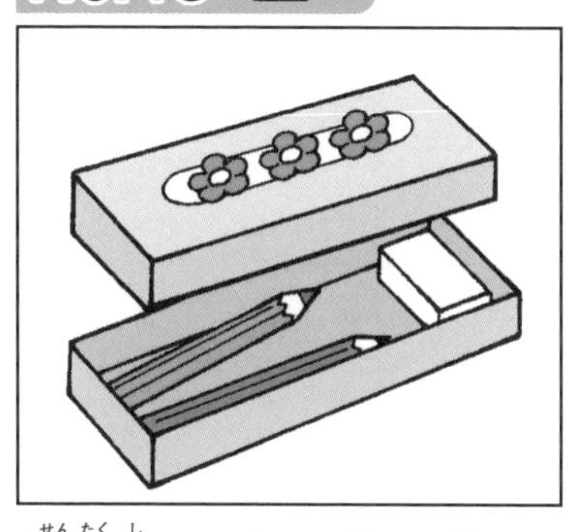

【選択肢】 1 2 3

No. 19 80

【選択肢】 1 2 3

No.20 81

【選択肢】　1　2　3

No.21 82

【選択肢】　1　2　3

No.22 83

【選択肢】　1　2　3

No.23 84

【選択肢】　1　2　3

No.24 85

【選択肢】　1　2　3

No.25 86

【選択肢】　1　2　3

模擬テスト 解答・解説と放送文

筆記問題

1

【解答】（1）**1**　（2）**3**　（3）**4**　（4）**1**　（5）**4**　（6）**2**
（7）**3**　（8）**4**　（9）**1**　（10）**2**　（11）**3**　（12）**2**
（13）**1**　（14）**3**　（15）**4**

【解説】

（1）「8月は1年のうちで8番目の月です」という意味の文。
（2）「あなたのラケットを使ってもいいですか？」「どうぞ」という対話。
（3）「デービスさんには四人の子どもがいます。彼には二人の息子と二人の娘がいます」という意味の文。son が「息子」、daughter が「娘」という意味。
（4）「佐藤さんは英語と日本語と中国語を話す」という意味。
（5）「テストがあるか？」とたずねられて **B** は「心配しないで。このテストは簡単だから」と答えている。
（6）「私たちの学校は図書館にたくさんの本がある」という意味。
（7）「今日は日曜日。フランクは家にいる」という意味。at home「家で」。
（8）sister「姉（妹）」は女性。そこで「彼女は」という語を選ぶ。
（9）「これはマイクのバットですか？」とたずねられて、**B** は「違います。ぼくのです」と言っている。「ぼくの（もの）」にあたる語を選ぶ。
（10）「生徒たちは図書館で本を読んでいる」という文が完成する。
（11）「あなたのお兄さん（弟さん）はスポーツが好きですか？」という文を作る。
（12）Are you ～？とたずねられたら、I am / I'm not を使って答えるのが基本。
（13）look at ～ で「～を見る」という意味になる。
（14）early in the morning で「朝早く」という意味になる。take a walkは「散歩する」という意味の熟語。
（15）「今日は何曜日ですか？」という意味の文。**1** season「季節」**2** year「年」**3** month「月」**4** week「週」。

2

【解答】（16）**3**　（17）**1**　（18）**4**　（19）**1**　（20）**3**

【解説】

（16）What does your father do? は、「あなたのお父さんは何をしているの？」という意味で、相手の父親の職業をたずねている。
（17）whenは「いつ」とたずねる語なので、時を答えているものを選ぶ。

(18) whereは「どこ」とたずねる語なので、場所を答えているものを選ぶ。

(19) 先生に「英語を話すのが上手だね」とほめられたので、マイは「ありがとうございます」とお礼を言っている。

(20) 先生に「図書館でジュースを飲んではいけませんよ」と注意されたので、サイモンは「すみません」と言っている。

3 【解答】(21) **1**　(22) **2**　(23) **3**　(24) **1**　(25) **2**

【解説】

(21) When do you brush your teeth? という文を作る。brush は「磨く」、teeth は tooth「歯」の複数形。

(22) Who is your history teacher? という文を作る。Who is ～? は「～は誰ですか？」「誰が～ですか？」という質問文。history は「歴史」。

(23) My brother is eating breakfast now. という文を作る。「○は～しています」という文は「○ is/are ～ ing」の形をとる。

(24) Albert goes to school by bus. という文を作る。goes to school「学校に行く」、by bus「バスで」というパーツを作り、それをつなげればよい。

(25) It's time for lunch, Fred. という文を作る。「～の時間です」は It's time for ～. と表す。

リスニング問題　58~86

第1部 【解答】(No.1) **2**　(No.2) **3**　(No.3) **1**　(No.4) **3**　(No.5) **1**
(No.6) **2**　(No.7) **2**　(No.8) **3**　(No.9) **1**　(No.10) **3**

【解説】

(No.1)「あなたのお姉さん（妹さん）はバドミントン部に入っていますか？」という質問の答えを選ぶ。your sister「あなたの姉（妹）」に対しては、she で答える。

(No.2)「私たちの学校の近くに住んでいるのですか？」という質問に答える。Do you ～? とたずねられたら Yes, I do. や No, I don't. で答えるのが基本。

(No.3)「花に水をやってくれませんか？」という質問。簡単な頼みごとをされているので、All right.「いいですよ」と答える。

(No.4)「今日は何日ですか？」とたずねられているので、日付を答えればよい。

(No.5) How much is ～? は「いくらですか？」とたずねる表現。パンの値段を答える。

(No.6) Which ○ is ～? は「どちらの○が～ですか？」とたずねる表現。This small one.「この小さいのです」と答えている **2** が正解。

(No.7)「こちらは、私の兄（弟）のジョンです」と紹介されて、「お会いできてうれしいです」と答えている。

(No.8) How are you (doing)? は「調子はどうですか？」という挨拶の言葉。「元気ですよ」などと答える。

(No.9)「あの鳥を見て！」「おお、美しい！」という対話。

(No.10)「よい旅を」という呼びかけへの返答を選ぶ。**2** You're welcome.「どういたしまして」は、感謝の言葉に対して返す表現。ここでは、軽いお礼を述べている **3** を選ぶ。

【放送文】 59~69

(No.1) Is your sister on the badminton team?

1 She is Yuka. **2** No, she isn't. **3** Yes, I am.

(No.2) Do you live near our school?

1 It's a big school. **2** At eight o'clock. **3** Yes, I do.

(No.3) Can you water the flowers?

1 All right. **2** Yes, you can. **3** It's big.

(No.4) What's the date today?

1 Let's go to a movie. **2** He's my friend. **3** It's October 10th.

(No.5) How much is this bread?

1 200 yen. **2** It's very big. **3** I like bread.

(No.6) Which picture is yours?

1 I like pictures. **2** This small one. **3** They are beautiful.

(No.7) This is my brother, John.

1 Is John at home? **2** Nice to meet you, John. **3** That's OK.

(No.8) Hi, Jodi. How are you doing?

1 You're welcome. **2** Here you are. **3** Fine, thank you.

(No.9) Look at that bird!

1 Oh, it's beautiful! **2** It's not mine. **3** How much is it?

(No.10) Have a nice trip.

1 Yes, I do. **2** You're welcome. **3** OK, thanks.

第2部 **【解答】** (No.11) **2** (No.12) **4** (No.13) **3** (No.14) **3** (No.15) **1**

【解説】

(No.11)「ぼくはよく昼食にサンドイッチを食べるんだ。君はどう、ウェンディ？」「私はサンドイッチは食べないの。たいていスパゲッティを食べるわ」という対話。ウェンディは昼食に何を食べるのか、が問題。

(No.12)「マイケル、バイオリンを演奏する？」「いや。でも兄（弟）はするよ」という対話。誰がバイオリンを演奏するかが問題。答えはマイケルの兄（弟）。

(No.13)「ハイ、アリス。どこに行くの？」「図書館に。日曜日はそこで勉強するの」という対話。アリスがどこに行くのかが問題。答えは図書館。

(No.14)「シンゴ、君は毎日テレビを見るの？」「うん。夕食後に1時間くらい見るよ」という対話。シンゴが毎日いつテレビを見るのかが問題。答えは夕食後。

(No.15)「このオンラインゲームは面白い。ジェシカ、君はこれをする？」「いいえ。でもチェスはするわ」という対話。ジェシカはチェスをするか、という質問なので、答えは Yes。

【放送文】 70~75

(No.11) **A:** I often eat sandwiches for lunch. How about you, Wendy?
B: I don't eat sandwiches. I usually eat spaghetti.
Question: What does Wendy eat for lunch?

(No.12) **A:** Do you play the violin, Michael?
B: No, I don't. But my brother does.
Question: Who plays the violin?

(No.13) **A:** Hi, Alice. Where are you going?
B: To the library. I study there on Sundays.
Question: Where is Alice going?

(No.14) **A:** Do you watch TV every day, Shingo?
B: Yes. I usually watch TV for about one hour after dinner.
Question: When does Shingo watch TV every day?

(No.15) **A:** This online game is fun. Do you play it, Jessica?
B: No, I don't. But I play chess.
Question: Does Jessica play chess?

第3部

【解答】 (No.16) **1**　(No.17) **2**　(No.18) **1**　(No.19) **3**　(No.20) **1**
(No.21) **2**　(No.22) **1**　(No.23) **3**　(No.24) **2**　(No.25) **1**

【解説】

(No.16) キャロルが **1** は歯を磨いている、**2** は髪を洗っている、**3** は夕食を食べている、と言っている。絵に合っているのは **1**。

(No.17) スミスさんが **1** はつりをしている、**2** は料理をしている、**3** は眠っている、と言っている。絵に合っているのは **2**。

(No.18) 消しゴムの位置について、**1** は筆箱の中、**2** は筆箱の上、**3** は筆箱のそばにある、と言っている。絵に合っているのは **1**。

(No.19) ミラーさんが働いている場所について、**1** はレストラン（restaurant）、**2** は銀行（bank）、**3** は図書館（library）、と言っている。

(No.20) 今日の日付について、**1** は6月12日、**2** は6月20日、**3** は6月21日と言っている。

(No.21) 今日の天候について、**1** は暑い（hot）、**2** は雨降りだ（rainy）、**3** は風が強い（windy）、と言っている。

(No.22) CD の値段について、**1** は15ドル、**2** は50ドル、**3** は55ドル、と言っている。「ドル」は英語で dollar。

(No.23) シェリーの母の職業について。**1** は英語教師、**2** は看護師、**3** は理科教師、と言っている。

(No.24) アレックが持っているものについて。**1** は新しい椅子（chair）、**2** は新しいギター（guitar）、**3** は新しいラケット（racket）と言っている。

(No.25) Don't ～ here. は「ここでは～してはいけない」という禁止の表現。**1** は撮影禁止、**2** は電話の使用禁止、**3** は飲食禁止。

【放送文】 76~86

(No.16) **1** Carol is brushing her teeth. **2** Carol is washing her hair.
3 Carol is eating dinner.

(No.17) **1** Mr. Smith is fishing. **2** Mr. Smith is cooking.
3 Mr. Smith is sleeping.

(No.18) **1** The eraser is in the pencil case. **2** The eraser is on the pencil case.
3 The eraser is by the pencil case.

(No.19) **1** Ms. Miller works in a restaurant. **2** Ms. Miller works in a bank.
3 Ms. Miller works in a library.

(No.20) **1** It is June 12th today. **2** It is June 20th today.
3 It is June 21st today.

(No.21) **1** It's a hot day today. **2** It's a rainy day today.
3 It's a windy day today.

(No.22) **1** The CD is fifteen dollars. **2** The CD is fifty dollars.
3 The CD is fifty-five dollars.

(No.23) **1** Shelley's mother is an English teacher. **2** Shelley's mother is a nurse.
3 Shelley's mother is a science teacher.

(No.24) **1** Alec has a new chair. **2** Alec has a new guitar.
3 Alec has a new racket.

(No.25) **1** Don't take pictures here. **2** Don't use a telephone here.
3 Don't eat or drink here.

スピーキングテスト

スピーキングテストは、発信する力を伸ばし、使える英語力を身につけるためのテストです。一次試験（筆記・リスニング）とは別のテストで、スピーキングテストの結果は、5級の合否には関係しません。

Point 1 スピーキングテストとは？

① スピーキングテストは、面接委員との対面式ではなく、コンピューター端末を利用した録音形式で行います。
② 受験した回の二次試験日から1年間、いつでも1回のみ受験できます。
③ 自宅や学校で、パソコン、スマートフォン、タブレット端末などから受験できます。
④ 一次試験とは別に、スピーキングテストの合格者には「合格」、不合格者には「不合格」で合否結果が通知されます。成績はスピーキングテスト受験から約1か月後にウェブサイトで確認できます。

Point 2 音読の練習で対策をしよう

まず、英文（パッセージ）とイラストが画面に表示されます。
その後、音声により黙読と音読の指示が出されます。音読では、よく聞こえるようにはっきり読みましょう。
続いて、英語で質問がされます。5級の場合、質問は三つあります。
1問目と2問目は英文（パッセージ）についての質問。英文に登場する人物やものごとについてです。
3問目は、英文やイラストに関係した、あなた自身についての質問です。「自分が好きなこと」「自分がなりたい職業」などを英語で言えるように練習しておきましょう。

スピーキングテスト

87~88

● 解答・解説 → P.135

実際のテストでは流れが変わる場合があります。

Tom and Baseball

Tom is 11 years old. He likes baseball very much. He plays baseball on Wednesdays. He is a good baseball player.

Questions

No.1 Please look at the passage. How old is Tom?

No.2 When does he play baseball?

No.3 What sport do you like?

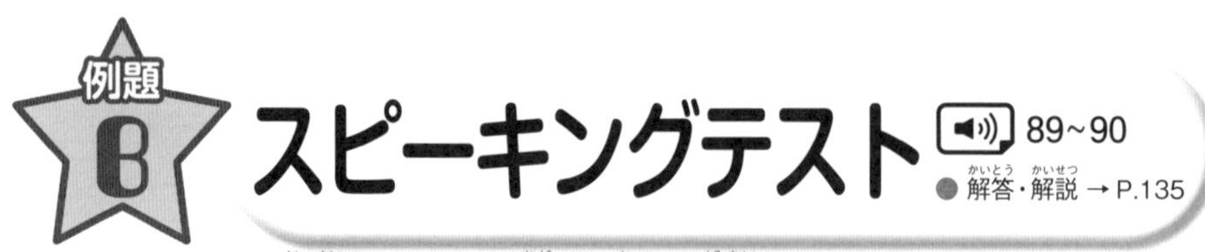

実際のテストでは流れが変わる場合があります。

Yuki's Teacher

Yuki's teacher is from Canada. Her name is Lucy. Lucy teaches English very well. Yuki likes her.

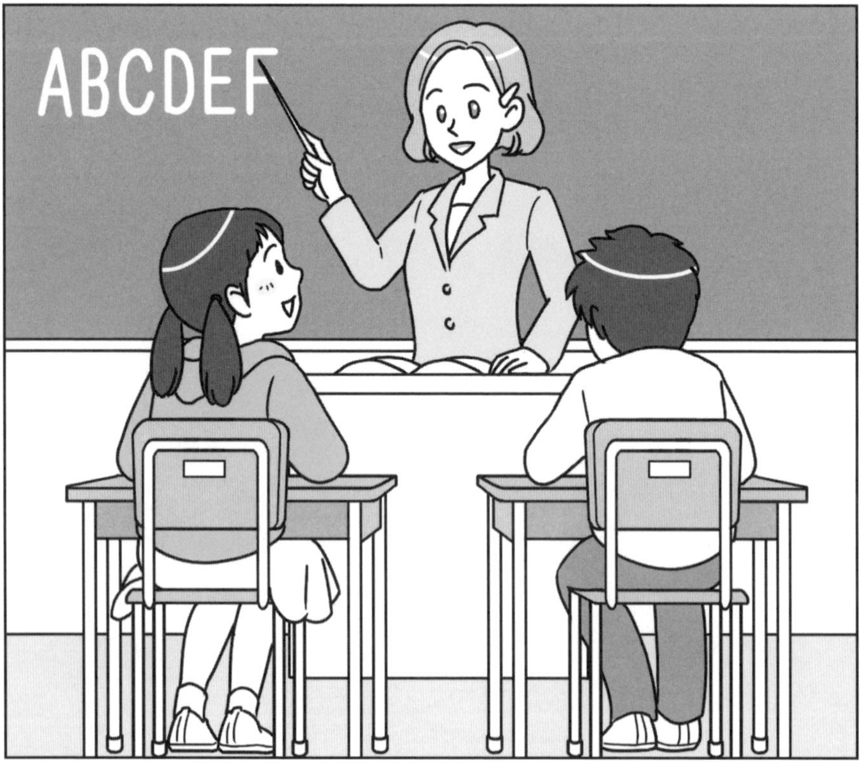

Questions

No.1 Please look at the passage. What is Yuki's teacher's name?

No.2 Where is Yuki's teacher from?

No.3 What subject do you like?

スピーキングテスト 解答・解説

例題A （訳）トムと野球 87~88

トムは11歳です。彼は野球がとても好きです。彼は水曜日に野球をします。彼は野球をするのが上手です。

No.1 （訳）文章を見てください。トムは何歳ですか？

（解説）文章を見て答える質問。1文目に Tom is 11 years old. とある。

【解答例】He is 11 years old.

No.2 （訳）彼はいつ野球をしますか？

（解説）文章を見て答える質問。3文目に He plays baseball on Wednesdays. とある。

【解答例】He plays baseball on Wednesdays.

No.3 （訳）あなたは何のスポーツが好きですか？

（解説）文章の内容を受け、自由に答える質問。ここではトムではなく、自分自身のことを答える。

【解答例】I like soccer.

例題B （訳）ユキの先生 89~90

ユキの先生はカナダ出身です。彼女の名前はルーシーです。ルーシーはとても上手に英語を教えます。ユキは彼女のことが好きです。

No.1 （訳）文章を見てください。ユキの先生の名前は何ですか？

（解説）文章を見て答える質問。2文目に Her name is Lucy. とある。

【解答例】Her name is Lucy.

No.2 （訳）ユキの先生はどこの出身ですか？

（解説）文章を見て答える質問。1文目に Yuki's teacher is from Canada. とある。

【解答例】She is from Canada.

No.3 （訳）あなたは何の教科が好きですか？

（解説）文章の内容を受け、自由に答える質問。ここではユキではなく、自分自身のことを答える。

【解答例】I like math.

10年分を総チェック！

試験に出た単語・熟語リスト

本書の第1章とこのリストをおさえれば、過去10年間に「語句空所補充」でよく出た単語・熟語をカバーできます。

単語

単語	意味	例文	訳
album	アルバム	This is my family photo **album**.	これは私の家族の写真**アルバム**です。
animal	動物	What **animals** do you like?	何の**動物**が好きですか？
bed	ベッド	The girl is sleeping in **bed**.	その女の子は**ベッド**で寝ています。
big	大きい	My school is very **big**.	私の学校はとても**大きい**。
black	黒、黒い	My favorite color is **black**.	私のお気に入りの色は**黒**です。
box	箱	My old CDs are in the **box**.	私の古いCDは**箱**の中にあります。
bread	パン	I often buy **bread** here.	私はよくここで**パン**を買います。
breakfast	朝食	What do you have for **breakfast**?	**朝食**に何を食べますか？
buy	～を買う	My mother often **buys** flowers.	私の母は花**を**よく**買い**ます。
class	授業、クラス	We have a math **class** on Monday.	私たちは月曜日に数学の**授業**があります。
close	～を閉める	Please **close** the window.	窓**を閉めて**ください。
club	クラブ	I'm in the baseball **club** at school.	私は学校で野球**クラブ**に入っています。

単語	例文
☐ **cook** ～を料理する	I don't **cook** dinner on Sundays. 私は日曜日は夕食**を作り**ません。
☐ **country** 国	Japan is a beautiful **country**. 日本は美しい**国**です。
☐ **cute** かわいい	That dress is **cute**. あのドレスは**かわいい**です。
☐ **desk** 机	I don't have a **desk**. 私は**机**を持っていません。
☐ **doctor** 医者	Albert is a good **doctor**. アルバートはよい**医者**です。
☐ **dog** 犬	I have four **dogs**. 私は**犬**を４匹飼っています。
☐ **draw** ～を引く、～をかく	I **draw** pictures in the zoo. 私は動物園で絵**をかき**ます。
☐ **easy** 容易な、簡単な	This homework isn't **easy**. この宿題は**簡単**ではありません。
☐ **eat** ～を食べる	Let's **eat** dinner together. 一緒に夕食**を食べ**ましょう。
☐ **enjoy** ～を楽しむ	You can **enjoy** fishing here. ここで釣り**を楽しむ**ことができます。
☐ **fast** 速い	Bob swims very **fast**. ボブはとても**速く**泳ぎます。
☐ **fly** 飛ぶ	A bird is **flying** in the sky. 鳥が空を**飛んで**います。
☐ **food** 食べ物、えさ	I like Japanese **food**. 私は日本**食**が好きです。
☐ **friend** 友だち	I have many **friends**. 私には多くの**友だち**がいます。
☐ **fruit** くだもの	Do you like **fruit**? **くだもの**は好きですか？
☐ **great** 偉大な、すばらしい	This is a **great** movie. これは**すばらしい**映画です。

help ～を助ける、手伝う	I sometimes **help** my mother. 私は母**を**ときどき**手伝い**ます。
home 家	Welcome to our **home**. 私たちの**家**にようこそ。
hot 熱い、暑い	This tea is too **hot**. この紅茶は**熱**すぎます。
house 家	Mary's **house** is near our school. メアリーの**家**は私たちの学校の近くにあります。
jump 跳ぶ	I can **jump** high. 私は高く**跳ぶ**ことができます。
last 最後の	December is the **last** month. 12月は**最後の**月です。
lesson レッスン、授業	I have a piano **lesson**. ピアノの**レッスン**があります。
letter 手紙	My brother often writes **letters** to his grandfather. 兄（弟）はよく祖父に**手紙**を書きます。
library 図書館	Jane often goes to the **library** after school. ジェーンは放課後、よくその**図書館**に行きます。
listen 聞く	Please **listen** to me. 私の言うことを**聞いて**ください。
live 住む	Tom **lives** in London. トムはロンドンに**住んで**います。
locker ロッカー、かぎの掛かる戸棚	Lisa puts her school bag in her **locker**. リサは**ロッカー**に学校のかばんを入れます。
love ～が大好きである	I **love** my dog. He is very cute. 私は自分の犬**が大好き**です。とてもかわいいです。
make ～を作る	I **make** breakfast every day. 私は毎日朝食**を作って**います。
many たくさんの	Lucy has **many** watches. ルーシーは**たくさんの**腕時計を持っています。
milk 牛乳	My sister drinks **milk** every morning. 私の姉（妹）は毎朝**牛乳**を飲みます。

単語	例文
☐ **month** (暦の)月	May is the fifth **month** of the year. 5月は1年で5番目の**月**です。
☐ **mountain** 山	Mt. Fuji is a high **mountain**. 富士山は高い**山**です。
☐ **museum** 博物館、美術館	We have a small **museum** in our town. 私たちの町には小さな**博物館**があります。
☐ **need** ～を必要とする	I **need** a new brush. 私は新しいブラシ**が必要**です。
☐ **next** 次の、来…	**Next** Tuesday is my sister's birthday. **次の**火曜日は、姉(妹)の誕生日です。
☐ **night** 夜	We watch our favorite TV show at **night**. 私たちは**夜**にお気に入りのテレビ番組を見ます。
☐ **notebook** ノート	I need a new **notebook**. 私は新しい**ノート**が必要です。
☐ **often** よく、たいてい	I **often** play tennis in the park. 私はその公園で**よく**テニスをします。
☐ **only** たった、ほんの～にすぎない	My brother is **only** 3 years old. 私の弟は**ほんの**3歳**にすぎ**ません。
☐ **open** ～を開ける	Please **open** the door. ドア**を開けて**ください。
☐ **over** ～の上方に、～を越えて	Look at the building **over** there. **向こうに**ある建物を見てください。
☐ **park** 公園	My sister is playing tennis in the **park**. 姉(妹)は**公園**でテニスをしています。
☐ **pet** 愛玩動物、ペット	My aunt has a **pet**. She has a big white dog. おばは**ペット**を飼っています。大きな白い犬を飼っています。
☐ **pink** ピンク、桃色	This pen is **pink**. このペンは**ピンク色**です。
☐ **present** 贈り物、プレゼント	This is my birthday **present**. これは私の誕生日**プレゼント**です。
☐ **rabbit** うさぎ	Alice is running after the **rabbit**. アリスはその**うさぎ**を追って走っています。

単語	例文
racket ラケット	This is my tennis **racket.** これは私のテニス**ラケット**です。
read ～を読む	Lisa often **reads** magazines. リサは雑誌**を**よく**読み**ます。
restaurant レストラン、料理店	I sometimes have lunch in this **restaurant.** 私はときどきこの**レストラン**で昼食をとります。
right 正しい	Let's have pizza for lunch! Is it all **right**? お昼にピザを食べましょう！　**いい**ですか？
river 川	That **river** runs fast. あの**川**は速く流れます。
room 部屋	My father is in his **room** now. 私の父は今、自分の**部屋**にいます。
run 走る	My brother can **run** very fast. 私の兄（弟）はとても速く**走る**ことができます。
Saturday 土曜日	It's **Saturday** today. 今日は**土曜日**です。
see ～を見る、会う	Do you **see** that cat? あのねこ**が見え**ますか？
sister 姉、妹	I have two **sisters.** 私には**姉妹**が二人います。
sleepy 眠い	I feel **sleepy** after lunch. 昼食の後、**眠たく**なる。
snow 雪が降る	It is **snowing.** **雪が降って**います。
song 歌	I often listen to English **songs.** 私は英語の**歌**をよく聞きます。
stand 立ちあがる	**Stand** up, please. **立ちあがって**ください。
start 始まる、始める	My piano lesson **starts** at 4 o'clock. 私のピアノレッスンは4時に**始まり**ます。
story 物語	Do you know the **story** of the poor elephant? かわいそうな象の**話**を知っていますか？

単語	意味	例文
student	学生	My brother is a junior high school **student**. 私の兄（弟）は中**学生**です。
study	勉強する	Jack **studies** math. ジャックは数学を**勉強し**ます。
sweet	甘い	My coffee isn't **sweet**. 私のコーヒーは**甘く**ありません。
tall	身長が～ある、背が高い	Ted is 180 centimeters **tall**. テッドは180センチメートルの**身長があり**ます。
teach	教える	My sister **teaches** English at scool. 私の姉（妹）は学校で英語を**教えて**います。
teacher	先生	Mr. Yamada is our English **teacher**. 山田先生は私たちの英語の**先生**です。
team	チーム	Bill is on our tennis **team**. ビルは私たちのテニス**チーム**の一員です。
textbook	教科書	Please open your science **textbook**. 理科の**教科書**を開いてください。
there	そこに（で）	Let's go to the sea and swim **there**. 海へ行って**そこで**泳ぎましょう。
these	これらの	**These** books are mine. **これらの**本は私のものです。
thirsty	のどのかわいた	Can I have some water? I'm **thirsty**. 水を少しもらえますか？ **のどがかわき**ました。
time	時間	What **time** is it now? 今何**時**ですか？
violin	バイオリン	My father plays the **violin** well. 父は**バイオリン**を上手に弾く。
want	欲しい	What do you **want** for your birthday? 誕生日には何が**ほしい**ですか？
week	週	The summer vacation starts next **week**. 来**週**夏休みが始まります。
write	書く	Do you **write** letters to your friends? あなたは友だちに手紙を**書き**ますか？

熟語

a little 少し	I can speak French **a little.** 私は**少し**フランス語を話すことができます。
after school 放課後	Kevin has tennis lessons **after school.** ケビンは**放課後**、テニスのレッスンがあります。
all right よろしい、心配のいらない	Is everything **all right**? すべて**よろしい**ですか？
at home 家で	I usually do my homework **at home.** 私はいつも**家で**宿題をします。
before dinner 夕食の前に	I read the newspaper **before dinner.** 私は**夕食の前に**新聞を読みます。
before lunch 昼食の前に	We have four classes **before lunch.** 私たちは、**昼食の前に**４つの授業があります。
call back 電話をかけ直す	Please **call back** after five. ５時以降に**かけ直して**ください。
come to ～ ～に来る	Can you **come to** my house? 私の家**に来られ**ますか？
do one's homework 宿題をする	My brother is **doing his homework** now. 私の兄（弟）は今、**宿題をして**います。
get up 起きる	Tom **gets up** at 6:30 every day. トムは毎日６時30分に**起き**ます。
go to bed 寝る	It's eleven o'clock now. **Go to bed.** もう11時です。**寝なさい。**
have a good day 良い一日を送る	**Have a good day,** Lisa. **良い一日を**、リサ。
have a good sleep ぐっすり眠る	**Have a good** night's **sleep.** 一晩**ぐっすりお休みなさい。**
I see わかった、なるほど	**I see.** You are right. **なるほど**。あなたは正しいです。
in the morning 朝に、午前中に	My mother reads books **in the morning.** 母は**朝に**本を読みます。

熟語	例文
☐ **It's time for ～** ～の時間だ	**It's time for** dinner. 夕食**の時間**です。
☐ **Let's ～** ～しよう	**Let's** play basketball together. 一緒にバスケットボールを**しましょう**。
☐ **live in ～** ～に住む	I **live in** Tokyo. 東京**に住ん**でいます。
☐ **look at ～** ～を見る	**Look at** that big dog. あの大きな犬**を見て**ください。
☐ **make dinner** 夕食を作る	My sister **makes dinner** every day. 私の姉（妹）が毎日**夕食を作り**ます。
☐ **nice to meet you** 会えてうれしい、はじめまして	**Nice to meet you,** Mr.Robert. **お会いできてうれしい**です、ロバートさん。
☐ **see you** さようなら、また	**See you** tomorrow. **また**明日。
☐ **sit down** 座る	**Sit down**, please. **座って**ください。
☐ **sleep in bed** ベッドで寝る	My brother is **sleeping in bed**. 兄（弟）は**ベッドで寝て**います。
☐ **take a picture** 写真を撮る	Let's **take a picture** together, Mr.Brown. 一緒に**写真を撮り**ましょう、ブラウンさん。
☐ **take a shower** シャワーを浴びる	Lucy **takes a shower** every morning. ルーシーは毎朝**シャワーを浴び**ます。
☐ **thank you** ありがとう、どうも	No, **thank you.** I'm full. いいえ、**結構です**。お腹がいっぱいです。
☐ **this way** こちらへ	Come **this way**, please. どうぞ**こちらへ**来てください。
☐ **wake up** 目を覚ます	I **wake up** at seven every morning. 毎朝７時に**目を覚まし**ます。
☐ **welcome to ～** ～へようこそ	**Welcome to** Japan! 日本**へようこそ**！
☐ **～ years old** ～歳である	My mother is 40 **years old**. 私の母は40**歳**です。

著者

大鐘雅勝　おおがね まさかつ

上智大学外国語学部英語学科卒業。元公立中学校教諭。
〈著書〉
『英検®３級頻出度別問題集 音声DL版』（高橋書店）、『中学校の「英語」を完全攻略』『中学英語で「英会話」を１週間で攻略する本』『中学の英語「総まとめ」を７日間で攻略する本』（PHP研究所）、『英語教室が変わるおもしろ導入事例』『英語の自学自習術』『「英語のペア学習」わくわくワーク集』（明治図書）など

英検®5級 頻出度別問題集 音声DL版

著　者　大鐘雅勝
発行者　高橋秀雄
発行所　**株式会社 高橋書店**
〒170-6014 東京都豊島区東池袋3-1-1 サンシャイン60 14階
電話　03-5957-7103

本書の内容についてのご質問は「書名、質問事項（ページ、内容）、お客様のご連絡先」を明記のうえ、郵送、FAX、ホームページお問い合わせフォームから小社へお送りください。
回答にはお時間をいただく場合がございます。また、電話によるお問い合わせ、本書の内容を超えたご質問にはお答えできませんので、ご了承ください。本書に関する正誤等の情報は、小社ホームページもご参照ください。

【内容についての問い合わせ先】
書　面　〒170-6014 東京都豊島区東池袋3-1-1 サンシャイン60 14階　高橋書店編集部
ＦＡＸ　03-5957-7079
メール　小社ホームページお問い合わせフォームから（https://www.takahashishoten.co.jp/）

【不良品についての問い合わせ先】
ページの順序間違い・抜けなど物理的欠陥がございましたら、電話03-5957-7076へお問い合わせください。
ただし、古書店等で購入・入手された商品の交換には一切応じられません。